Karina Wagner

Die heilende Botschaft der Engel

Karina Wagner

Die heilende Botschaft der Engel

Giger Verlag

1. Auflage 2016
© Giger Verlag GmbH, CH-8852 Altendorf
Telefon 0041 55 442 68 48
www.gigerverlag.ch
Lektorat: Monika Rohde
Umschlaggestaltung:
Hauptmann & Kompanie Werbeagentur, Zürich
Layout und Satz: Roland Poferl Print-Design, Köln
Druck und Bindung: GGP Media GmbH, Pößneck
Printed in Germany

ISBN 978-3-906872-03-2

Inhalt

Vorwort

Ich danke dir, dass du dich entschieden hast, meine Geschichte mit mir zu teilen und die Botschaft der Engel zu empfangen. Du hältst ein sehr persönliches Buch in deinen Händen, geschrieben vom Leben und dem Göttlichen, welches das Leben immer durchströmt.

So ist dieses Buch lebendig und mit der unermesslichen Energie der Liebe und des Lichts der Engel erfüllt. Für mich waren und sind die Botschaften der Engel ein Geschenk an mich und uns Menschen. Sie kamen genau zur richtigen Zeit zu mir, erfüllt mit der Wahrheit, der Weisheit und dem hoch schwingenden Bewusstsein der Engel.

Die Energie der Engel ist für mich ein großes Wunder voller Zauber und Worte der reinen lichten Liebe. Worte tragen unermessliche Kraft in sich, und sie wirken sich in einzigartiger Weise in dir aus, da du einzigartig bist. Und so liegt das Wunder der Engel-Botschaft nicht in den Worten, sondern ist immer in dir selbst zu finden. Die Worte sind einzig und allein wie Schlüssel, die die Kammern deiner inneren Weisheit öffnen, damit du dich wieder erinnern kannst.

In dem Augenblick, als du dieses Buch wahrgenommen und berührt hast, begann die hohe Schwingung der Engel sich mit deiner zu verbinden. Das konnte geschehen, weil du eine tiefe Verbindung zum Reich der Engel hast, die dich seit Anbeginn deiner Erdenreise begleiten und führen, behüten und bedingungslos lieben.

Dein Bewusstsein hat sich ausgedehnt, dein Herz sich geöffnet. Du hast die Engel um Führung und Wahrheit gebeten, wie ich es tat. Und so bitten dich die Engel, dieses Buch mit einem offenen Herzen zu lesen und sie als erweitertes göttliches Bewusstsein anzuerkennen, das sich dir durch diese Botschaften mitteilen möchte.

Ich bitte dich, dieses Buch mit der Wahrheit deines Herzens zu lesen. Denn dein Herz ist die Instanz, die die Wahrheit erkennt. Wie jeder Mensch besitzt du in deinem Herzen die Begabung, die Wahrheit zu fühlen. Sie ist dein göttliches Erbe, und wenn du die Worte mit offenem Herzen liest, wirst du die Präsenz des Göttlichen darin wahrnehmen und erkennen, welche Worte für dich zu dem jetzigen Zeitpunkt deines Lebens wahr sind.

Jedes Mal, wenn du etwas liest oder hörst, was aus einer höheren spirituellen Quelle stammen soll, kannst nur du selbst entscheiden, ob es auch deine Wahrheit ist oder eben nicht. Die Wahrheit, die in dir lebt, in Liebe anzuerkennen und ihr zu folgen, ist dein wahrer Weg. Deine ganz individuelle und für dich stimmende Wahrheit führt dich dann zu der universellen Wahrheit und zu deiner wahren Essenz.

Ich weiß, es ist nicht einfach zu unterscheiden, was wahr ist und was nicht. Hier ist es wichtig, auf die Stimme deines Herzens zu hören. Deine innere Stimme wird dich lehren, deine eigene Wahrheit zu erkennen. Die Wahrheit deines heiligen Herzens ist die einzige Wahrheit, die existiert. Diese Wahrheit kann dir kein Buch oder kein Lehrer schenken.

Geh deinen Weg, finde deine eigene Wahrheit heraus und LEBE sie, begleitet von unseren himmlischen Freunden.

Den Engeln geht es niemals darum, jemanden zu bekehren oder ihre Wahrheit zu deiner zu machen. Sie wollen dich stattdessen einfach nur an ihrer unbegrenzten Liebe und ihrer lichten Weisheit teilhaben lassen.

In jedem von uns wohnt die Energie der Engel. Sie sitzt in unserem Herzen und wartet schon lange darauf, dass wir sie endlich wahrnehmen. Die Engel begleiten uns Menschen und bieten uns Führung und Anleitung, Beistand und Liebe an.

Jeder von uns trägt seine ganz persönliche Geschichte mit sich, die weit zurück durch viele Leben reicht. Wir alle sind viele Male auf der Erde gewesen, und jedes Mal haben wir versucht, etwas von unserer göttlichen Berufung zu verwirklichen.

Es gab immer schon Engel und Führer in der kosmischen Sphäre rund um die Erde, die uns unterstützen wollen. Sie stehen uns zur Seite und umarmen uns mit ihrer Liebe, wann immer wir dies zulassen können.

Das Geschenk der Engel an uns Menschen besteht darin, dass sie mit ihrem Licht die dunkelsten Zeiten unseres Lebens erhellen und dass sie Liebe gerade dorthin tragen, wo in uns noch Hoffnungslosigkeit herrscht. Auf Mutter Erde, diesem so einzigartigen und wunderschönen Planeten, bereiten die Engel gemeinsam mit vielen hohen Lichtwesen ein Saatbeet vor und eröffnen der Menschheit völlig neue Möglichkeiten. Wir alle tragen kostbare Keime dieser Saat in uns und sind die Lichtbringer dieser neuen Zeit.

Auch wenn uns der Weg manchmal beschwerlich und hart vorkommt, haben wir doch schon eine große Wegstrecke hinter uns und durch unser eigenes inneres Wachstum geholfen, die Tore für eine neue Welle der Lichtenergie zu öffnen, die jetzt auf die Erde hinabstrahlt.

Fühle die Hilfe und die Liebe der Engel immer bei dir, wie einen Lichtstrahl, der fest auf den hellsten und liebevollsten, hoffnungsvollsten, kraftvollsten, schönsten Teil in dir gerichtet ist. Fühle es in deinem Herzen. Du hast dein göttliches Licht verankert, hier auf der Erde. Und deine Sehnsucht nach innerer Befreiung und Bewusstheit verwandelt sich jetzt in einen Neubeginn. Lass dich von ihm durch das Leben tragen – vertraue dem Leben und vertraue den Engeln und ihrer grenzenlosen Weisheit voller Liebe.

Du bist das Herz, auf das die Engel gewartet haben, denn sie können den Herzensweg nicht für uns gehen. Sie können uns nur ermutigen, wieder und wieder, und sie werden nicht müde, das zu tun. Aber es liegt an uns, den entscheidenden Schritt zu gehen und unserem Herzen wirklich vertrauen zu lernen.

Die Engel wünschen sich so sehr, deine Gefährten und Behüter sein zu dürfen auf deinem Weg nach Hause ins Licht. Sie führen gerade in schweren Zeiten jenen Teil deiner Seele, der den Weg nach Hause noch nicht gefunden hat. Sie umarmen dich mit ihren Schwingen der Liebe und trösten dich, trocknen deine Tränen und zaubern ein Lächeln auf deine Lippen, wenn du es willst.

Wenn du deine Traurigkeit allerdings behalten möchtest, dann respektieren die Engel auch das. Aber sie werden nichts unversucht lassen, dich zu bewegen, die Liebe zu dir selbst auch in Zeiten der Dunkelheit zu finden. Denn auf dem Grunde des Tränensees findest du immer einen Schatz, der auf dich wartet.

Von dem Moment an, in dem dein Geist die Worte dieses Buches berührt hat, haben sich deine Energie und dein Herz zu den Engeln ausgedehnt und die Engel sind dir jetzt sehr nahe. Sie übergießen dich mit ihrem Licht, erfüllen dich mit ihrer bedingungslosen Liebe. Und sie freuen sich, ihre Botschaft mit dir teilen zu dürfen, sodass du die Energie der Engel immer besser kennenlernst und sie intensiver mit dir wirken können.

Mögest du immer mehr über dich selbst und dein einzigartiges inneres Licht entdecken und deine Göttlichkeit wahrnehmen. Und so erfahren, dass du genauso wie die Engel ein Aspekt des göttlichen Bewusstseins bist, dem Form und Gestalt auf Mutter Erde gegeben wurde.

Die folgenden Botschaften wurden mir von den Engeln gegeben, um mir in einer schweren Zeit voller Schmerz und Dunkelheit meine eigene göttliche Präsenz und die Kraft der Liebe bewusst zu machen. Jede Botschaft unterstützte mich, damit ich meine göttliche Kraft und mein Licht zu meiner eigenen Heilung wieder bewusst anwenden konnte. Dadurch konnte Transformation und Heilung in mein Leben strömen, zuerst in meine persönliche Welt und dann in die wundervolle Mutter Erde als Ganzes.

Die Botschaften sind dabei sehr einfach in ihren Worten, weder kompliziert noch schwierig. Denn alles Komplexe kann uns niemals auf die Energie des Göttlichen einstimmen, sondern trennt uns eher davon und damit auch von der Präsenz der Engel. Das Göttliche ist immer einfach und schlicht. Du wirst fühlen, wie sehr die Botschaften von sanfter und behutsamer Liebe erfüllt sind.

Wenn wir die Botschaft der Liebe annehmen können, kann Heilung geschehen, denn Liebe und Sanftheit lassen alle Widerstände und Blockaden schmelzen.

So erlaube diesem Buch, wie dein Spiegel zu sein. Erkenne, dass all die Wunder, die Liebe und das Licht, das du in ihm findest, ihren Ursprung in dir selbst haben. Lass dich von den Engeln durch ihre Worte führen, damit du deine Göttlichkeit und damit dein Heilsein wieder entdecken kannst.

Wisse, dass alle Worte dieses Buches aus der Quelle der Liebe stammen und dich erwecken möchten. Es möchte dein Begleiter sein, so wie die Botschaften auch meine Begleiter waren. Es kann dir, wie mir, auf deinem Weg helfen, wenn du dich allein und von Dunkelheit umgeben fühlst. Möge es dir das Licht der Engel zuteilwerden lassen wie ein himmlisches Geschenk von Herz zu Herz.

Denn die größten Geschenke kommen immer von Herzen. Sie sind nicht materieller Natur. Sie sind wertvoll, da sie voller Liebe sind. Und so sehe dieses Buch als ein Geschenk der Liebe. Es ist zu dir gekommen, weil genau jetzt die richtige Zeit in deinem Leben ist, um diese Botschaften zu lesen.

Über dieses Buch möchten dir die Engel ihre Hand reichen, die sie voller Liebe nach dir ausstrecken, um dich zu umarmen. Öffne dich dabei der Gegenwart der göttlichen Liebe, die beginnt, dein Herz zu erfüllen, und wisse, dass dir die Engel nahe sind.

Meine Geschichte

Bereits als Kind nahm ich ganz selbstverständlich die Lichtwesen wahr, die uns überall umgeben. In der Natur die Devas, die Feen und Elfen, und natürlich die Engel. Auch Meister Jesus war immer an meiner Seite, wie ein großer Bruder, mit dem ich mich unterhielt wie mit dem allerbesten Freund.

Die Engel waren mir so unendlich vertraut, oft vertrauter als die Menschen. Sie trösteten mich, führten mich und erhellten schon immer mein Leben. Das Wahrnehmen dieser liebevollen und gütigen Präsenz und das Urvertrauen in diese lichte Welt waren für mich ganz natürlich, und ich empfand die Engel an meiner Seite immer als wundervolle, strahlende himmlische Gefährten.

Eine ganz besonders tiefe Verbindung hatte ich auch damals bereits zu der göttlichen bedingungslosen, allumfassenden Liebe. Ich durfte diese Liebe zu den Engeln und all den Wesen auf Mutter Erde als Kind ganz frei erleben.

Aber wie so oft, bevor man etwas wiederfinden kann, muss es manchmal erst verloren gehen. So war es auch bei mir. Als ich älter wurde, verlor ich mich in der Welt des Oberflächlichen, ließ mich blenden von dem äußeren Glanz. Ich arbeitete als Model, bin als Sängerin durch die Länder gereist und habe immer wieder dieses innere Sehnen, diese innere Stimme unterdrückt, die mir sagte:

»Karina, das ist nicht dein Weg. Spüre: Die Liebe fehlt. Du bist für etwas anderes auf Erden gekommen ...«

Es war die Stimme meiner Seele, leise und sanft, denn die Worte der Liebe sind immer in Ruhe und Schlichtheit. Die Worte führen hinein in die Stille des eigenen Herzens, aber unser Verstand ist sehr erfolgreich damit, diese Stimme zu überhören. So wurde im Alter von 20 Jahren bei mir eine schwere Krankheit festgestellt, deren Prognose eher ungünstig war.

Da endlich erwachte ich, tiefes Urvertrauen erfüllte mich. Ich konnte meine Seele wieder hören und von ihr wurde ich wieder zu mir selbst geführt. Ich ging auf Reisen und begegnete erleuchteten Herzen, die in Einfachheit und Demut den Weg der Liebe lebten und mich wieder an meine Seele erinnerten.

In diesen Augenblicken unseres Lebens erblicken wir das Göttliche, kommen Engel auf Erden. Dann wird das Leben ewig, unsterblich und alle Welten werden im eigenen Herzen erfahren. Das Herz weitet sich, man wird eins mit der göttlichen Wirklichkeit und fühlt innerlich endlosen Frieden, endlose Freude und unendliches Licht.

Dieses Licht der Liebe heilte mein eigenes Herz, und so fand ich meine Berufung wieder, die ich schon immer tief in mir fühlen konnte: Den Weg der Liebe zu gehen und andere zu unterstützen, ihren persönlichen Weg nach Hause zu finden.

Mein Seminarzentrum »Alter Pilgerhof« entstand, wo ich voller Dankbarkeit seitdem meiner Berufung in Form von Healings, Ausbildungen und Seminaren folgen darf.

Immer getragen von der Liebe, meiner wundervollen Familie und unterstützt von den Engel und der geistigen Welt.

Aber meine Ausbildung von der geistigen Welt war noch nicht abgeschlossen, so wie sie es nie sein wird ...

Wir sind hier auf Erden, um zu wachsen und zu erfahren, bis wir wieder heimkehren in das Erkennen unserer Göttlichkeit.

Ende November 2013 wurde mein Körper von Tag zu Tag von immer größeren Schmerzen heimgesucht und ich fühlte mich so elend wie noch nie in meinem Leben. Ich wurde ins Krankenhaus eingeliefert und musste sofort behandelt werden, da ich eine schwere Lungenentzündung hatte und mein Kopf voller Entzündungen war. Mein Immunsystem war vollkommen zusammengebrochen.

Ich möchte in diesem Buch nicht näher auf meine Diagnose eingehen, weil diese Erfahrungen letztendlich eine Weihe, ein Segen und ein Geschenk für mich waren.

Ich weiß, dass ich ohne die Erfahrungen, die Schmerzen und durch den unfreiwilligen vollkommen notwendigen Rückzug aus der äußeren Welt nicht hätte loslassen können. Und so sank ich in eine befreiende Gleichgültigkeit, in einen fast erhebenden Zustand jenseits von Sorgen. Erst als ich vollkommen loslassen konnte, wurde ich von den Engeln und der geistigen Welt aufgefangen.

Es vergingen Tage und ich nahm mich, losgelöst von meinem Körper, frei von jedem Schmerz wahr. Mein Schutzengel war bei mir in einem weißen Licht und sagte: Ein wichtiger Reifungsprozess beginnt jetzt, wenn du bereit bist, ihn anzunehmen.

Ich war vollkommen im Frieden und in der Liebe, frei von allen Schmerzen, befreit von jeder Körperlichkeit. Und ich erfuhr ein All-eins-Sein, was mit Worten nicht zu beschreiben ist. Mein bisheriger Glaube wurde zu meiner erfahrenen Wahrheit: Das Göttliche wohnt in jedem Menschen, die göttliche Liebe wirkt durch dich und mich, und dieser göttliche Funke in uns verleiht die Kraft, zu glauben, zu heilen und den Tod zu überwinden. Ich war vollkommen im Vertrauen und wusste: Du bist in diesem wichtigen Moment deines Lebens nicht allein. Um mich herum sah ich die Engel und meinen Herzlehrer Jesus, der mich jeden Augenblick meiner Heilungsreise wie ein liebender Bruder begleitete.

Wunderschöne Engel des Lichts, mein verstorbener Vater und so viele Lichtwesen hüllten mich ein in ihrer grenzenlose Liebe. In diesen Tagen, die die Ärzte als Wachkoma bezeichneten, durfte ich meinen Ursprung sehen und auf einer Ebene des Lichts verweilen, die so himmlisch schön war und ist. Ich wurde gesegnet.

Als ich Anfang Dezember meinen Körper verlassen hatte, über meiner materiellen Hülle schwebte und in himmlischem Licht gebadet wurde, fragte mich Jesus mit Worten reiner Liebe:

»Geliebte Seele, möchtest du lieber heimgehen ins Licht oder noch einmal auf Erden zurückkehren? Es ist deine Entscheidung, du hast die freie Wahl und wir sind dankbar für jeden Weg, den du wählst.«

Oh, es war nicht leicht, eine klare Entscheidung zu treffen, meine Seele sehnte sich einerseits danach, nach Hause zu gehen und an diesem friedvollen, himmlischen Ort zu verweilen – nicht zurückzukehren in meinen schwachen Körper voller Schmerzen.

Doch erinnerte mich mein Herz daran, dass mein Weg noch nicht zu Ende sei. Es bat mich, noch auf Erden zu bleiben – um meine Liebe, mein Licht und meine Berufung weiter voller Freude und mit den neuen Gaben, die mir geschenkt wurden, zu leben und der Liebe zu dienen.

Denn ich LIEBE das Leben, ich liebe alle Wesen, und so kehrte ich voller Dankbarkeit mit einem großen JA der Liebe zurück in meinen Körper, um weiter mit so wundervollen Seelen wie dir meinen Weg gehen zu dürfen.

Seitdem erfüllt es mich mit liebevoller Dankbarkeit, mit dir und allen Wesen Momente der Liebe zu teilen, denn diese sind für mich Augenblicke der tiefen Begegnung in einem Raum von herzerfüllter Endlosigkeit und wahrer Göttlichkeit.

Daher durfte ich nach ein paar Tagen die Intensivstation verlassen und mein Heilungsweg begann. Ich durfte das Tor der Angst und der Getrenntheit in meinem Herzen durchschreiten. Als ich wieder an meine Quelle der Liebe zurückgekehrt war, durfte ich wieder sein wie ein Kind, zu Hause an einem unschuldigen Ort des Lichts und der Liebe.

So geschah meine wahre Heilung durch die Berührung der Liebe und sie erlöste jegliche Angst vor dem Verlassen- und Hilflossein. Eine tiefe Reinigung meines Urvertrauens wurde mir geschenkt.

Ich wurde von meiner Seele durch die starken Schmerzen zu mir zurückgeführt, um mich ganz hinzugeben, Heilung geschehen zu lassen und alle Schatten zu erlösen. Und mein Gottvertrauen trug mich zurück ins Selbstvertrauen und Urvertrauen.

Dieses Urvertrauen ist der heilige Zustand, den wir als Kind gefühlt haben: Als wir voller Vertrauen den ersten Atemzug taten, uns auffangen ließen, laufen lernten und immer wieder, trotz Stürze und kleinen Schrammen an den Knien, Schritt für Schritt weiter ins Leben gingen. Damals hielten mich auch meine wackligen Kinderbeinchen nicht ab von dem Wissen tief in mir: Ich kann laufen. Ich bin geborgen und werde aufgefangen.

So ging ich einfach jedes Mal, wenn mich ein negatives Gefühl oder starker körperlicher Schmerz zu überwältigen drohte, in die Liebe. Das war mein Schlüssel der Heilung damals. Die Liebe transformierte jegliche Erfahrungen von Verlassensein, von Hilflos- und Kranksein, von Getrenntsein.

Auch wenn Angst mich manchmal noch verunsicherte, sie beherrschte mich nicht mehr. Das kann jedoch nur stattfinden, wenn ich meiner Göttlichkeit bewusst gestatte, meinen menschlichen Aspekt zu durchfluten.

Liebe kann so viel in mir und auf Erden bewirken. Doch solange die Angst vor der Liebe noch in den Herzen der Menschen ist, kann diese Energie auf der Erde nicht in Erscheinung treten.

Deshalb begab ich mich tagtäglich in meinem Krankenbett in Meditation auf den Weg nach innen und besuchte liebevoll die Orte der Angst und des Zweifels.

Ich öffnete mein Herz für jedes Wesen in meinem Universum. Ich gab und empfing von jedem Einzelnen. Und mein

Herz wurde so sanft und weich und konnte durch die Liebe geheilt werden. Im Innersten meines Herzens existiert ein Licht, mein Christuslicht, das nie erlischt. Darin haben alle, darin habe ich und hat jedes Wesen seinen Ursprung. Meine ewige Essenz, meine Seele trägt das Wesen des Göttlichen in sich. Das Göttliche lebt in dir und mir, und du in ihm.

Ein weiterer wichtiger Aspekt meiner Heilung waren meine Gedanken. Gedanken sind die Ursache von allem, und mit ihnen als Werkzeug vermochte ich selbst in dieser herausfordernden Situation, eine Welt der Harmonie und Schönheit in meinem Leben zu erschaffen.

Diese besondere Zeit schenkte mir die wundervolle Möglichkeit, die meiste Zeit, selbst unter den schwierigen Bedingungen der Veränderung, des Schmerzes, der Einsamkeit, des Lernens, der Unruhe und des Zweifels, innerlich ruhig und voller Vertrauen zu bleiben.

Tiefe Harmonie erfüllte mich, wenn ich Liebe, Heilung, Ruhe und Frieden in mein Denken strömen ließ, und meine Energien verwandelten alle Schatten sofort in Licht. Ich erinnerte mich jeden Moment voller Liebe daran, stets nach Heilung, Sanftheit und Schönheit zu streben, in meinem Denken, meinen Gefühlen und in allen Handlungen. Ich erfüllte mein Bewusstsein nur mit aufbauenden, heilenden, göttlichen, segnenden Gedanken.

Nachdem mein Körper wieder relativ stabil war, erfuhr ich oft in der Nacht tiefe Sitzungen der Heilung. Dabei durchströmte mich so intensiv eine grenzenlose Freude, dass mein Körper vibrierte und Freudentränen über meine Wange liefen.

Die Engel teilten mir mit, dass sie des Nachts an mir und mit mir wirkten. Meine Schwingungen würden transformiert und erhöht. Auch der Resonanzbereich in meinen Energiezentren würde erweitert werden, damit ich die Botschaften der geistigen Welt empfangen kann. So wurden meine feinstofflichen Kanäle immer mehr geöffnet und erweitert, und ich wurde auch während des Tages sensibler für außersinnliche Wahrnehmungen.

In meiner Seminararbeit und meinem Leben erfüllen mich noch heute eine nie gekannte grenzenlose Liebe und Zufriedenheit.

Ich durfte erfahren: Nach der Dunkelheit folgt immer das Licht ... Denn das Licht ist die EINZIGE Wahrheit.

Nein, vielmehr lernte ich durch die dunklen Zeiten der letzten Monate unendliche, göttliche Hingabe, Urvertrauen und Akzeptanz. In der Welt der Dualität gibt es sowohl Licht als auch Schatten.

Dein und mein Leben sind eine wundervolle Gelegenheit, für die das Göttliche in uns sich entschieden hat, um alle Formen der Dualität zu erfahren und sich bewusst zu entwickeln.

Und so geschehen Wunder in meinem, in unser aller Leben: Aus unserer Angst wird Stärke, aus unserer Wut Güte, aus der Traurigkeit große Freude.

Genau wie in der Zeit, als ich begann, dieses Buch zu schreiben: Trotz der eigentlichen Unmöglichkeit und des Unglaubens der Medizin, die schon vor vielen Jahren sagte, dass ich keine Kinder bekommen kann, trage ich in diesem Augenblick neues Leben in mir.

Meine Seele war wohl nicht bereit, Worte wie »nicht heilbar« und »unmöglich« anzunehmen. Denn diese Worte grenzen Urvertrauen, Hingabe, Glaube und Hoffnung aus und trennen uns von der Quelle. Die Engel aber lehrten mich: Alles fließt, auch unser Leben. Doch um uns von diesem natürlichen Rhythmus tragen zu lassen, müssen wir bereit sein, Altes loszulassen.

»Nicht heilbar« hingegen bedeutet Stillstand und Stillstand ist vollkommen unnatürlich. Da alles im Leben in natürlichen Rhythmen fließt, ist alles wandelbar, demnach kann es sich verändern und heilen. Und so wartete meine Seele, geführt von den Engeln, nur auf den richtigen Zeitpunkt, um eine lichte Seele in mir willkommen zu heißen.

Für mich ist also der Ursprung dieses Buches mein ganz persönliches Wunder der Heilung. Und es ist ein ungewöhnliches und besonderes Buch, das ich allein nicht hätte schreiben können.

So wurde mir viel des Inhalts aus der geistigen Welt von den Engeln übermittelt. In dieser neuen Zeit, die für uns Menschen einen Wendepunkt in der Geschichte darstellt, steht uns aus der geistigen Welt so viel Hilfe zur Seite.

Ich habe einige Zeit gezögert, das Erfahrene und Erlebte niederzuschreiben. Einerseits war ich erfüllt von dem Gefühl tiefer Dankbarkeit und grenzenloser Freude über all das Erlebte und die Inspirationen der Heilung, die mir zuteil wurden. Aber anderseits fühlte ich die Sorge in mir, ob es mir gelingen würde, die Botschaften und Erfahrungen meiner Freunde, der Engel, in die richtigen Worte fassen zu können. Worte erschienen mir für diese heiligen, heilenden

Erfahrungen oft zu ungenügend, zu kalt, zu klein und begrenzt.

Doch dann geschah das größte Wunder in meinem Leben, es wächst beim Schreiben dieser Worte in mir. Und der göttliche Beistand, den ich nun auch physisch in mir trage, gibt mir die Kraft und das Sehnen, dieses Buch zu schreiben.

Dabei fühle ich die Engel so nahe und segnend an meiner Seite, sie helfen mir, die niedergeschriebenen Worte mit einer ganz besonderen Schwingung zu erfüllen. Diese Energie geht in Resonanz mit der Seele und öffnet das höhere Bewusstsein.

Schließe für einen Moment die Augen und öffne dich. Fühle die Schwingung des Lichts, die dich gerade umhüllt.

Ich glaube, dass viele Menschen genau wie ich auf der Suche nach natürlichen Heilweisen sind, um die Einheit von Körper, Geist und Seele wieder herzustellen. Und die Zeit ist genau die richtige, denn es warten große Veränderungen auf uns Menschen: Eine Umpolung vom Materiellen zum Geistigen.

Die Lichteinstrahlung aus der geistigen Welt erhöht sich immer mehr, sodass sich auch die Schwingung in allem Lebendigen auf ganz intensive Weise erhöht.

Viele Menschen leiden durch diese Erhöhung: Denn durch das Licht werden auch die Schatten sichtbar und fühlbar. Sie leiden sehr oft in Form von Schmerzen, körperlichem Unbehagen, materiellem Verlust oder unter seelischen Belastungen und Ängsten, andere unter tiefer Traurigkeit oder auch Zorn und Unbeherrschtheit.

Über dieses Buch möchten die Engel den Menschen eine Botschaft bringen:

»Wir sind immer bei dir, um dich zu trösten und dich mit neuem Lebensmut und Hoffnung zu erfüllen.«

Die Engel wissen um unsere Angst und unsere Enttäuschung wie auch von all den schweren, dunklen Momenten in unserem Leben. Die geistige Welt weiß um die vielen Lektionen, die uns begegnen. Und die Engel wissen, dass unser physischer Körper nicht immer so vollkommen ist, wie er sein könnte.

Die Engel sind in dieser besonderen Zeit uns Menschen so nahe, dass sie alle unsere Gefühle empfinden und in unseren schwierigen Zeiten mit uns fühlen.

So ist es der Wunsch der geistigen Welt, uns mitzuteilen, dass in unserem Körper eine göttliche Lebenskraft wirkt. Sie möchten uns zeigen und – noch viel wichtiger – erfahren lassen, wie wir diese Lebenskraft erkennen und für uns wirken lassen können.

Die Engel wünschen sich so sehr, dass wir den Herausforderungen und Lektionen in unserem Leben mit Mut und Vertrauen begegnen können, um sie als das anzunehmen, was sie sind: Eine Chance, mehr Bewusstsein, Weisheit und Erkenntnis zu erlangen und die Eigenverantwortung anzunehmen, denn in uns liegt der Samen zu all unseren Erfahrungen.

Wir tragen tief in uns die göttliche Medizin der Heilung: die Liebe. Liebe ist die einzige Wahrheit und sie ist das Leben. Wenn wir lieben, sind wir in Einheit mit dem Göttlichen, und alle Dunkelheit erlöst sich im Licht der Liebeserfahrungen. Die geistige Welt ist an unserer Seite, um uns das Licht der Liebe und die Kraft zu bringen, und uns zu den lichten Schwingungen unserer Seele emporzuheben. Dort finden wir wahren Frieden und Heilung.

Die Engel bitten uns, an die Liebe zu glauben. Die Liebe ist wie eine unsichtbare Lebenskraft, eine alles harmonisierende und erlösende Macht. Sie kann uns von Krankheit, Disharmonie und den Schatten auf unserem Gemüt befreien.

Doch die heilende Kraft der Liebe braucht eine Pforte, durch die sie eintreten kann. Daher ist es in dieser Zeit wichtiger denn je zuvor, unseren Geist und unser Herz den Engeln und der göttlichen Liebe zu öffnen. Und das können nur wir selbst tun.

Ehe vollkommene Heilung geschehen kann, ist es wichtig, nach innen zu blicken und die Heiligkeit deines göttlichen Selbst zu erkennen. Suche nicht mehr nur im Außen nach Heilung, sondern betrete – geführt von deinen geistigen Freunden – deinen inneren heiligen Pfad. Dann erfährst du, dass du göttlicher Geist in einem physischen Körper bist.

Dein Körper ist dein wundervolles, kostbares Seelengewand während deiner Erdenzeit. Aber dein wahres, dein unsichtbares Selbst liegt tief in dir verborgen, umhüllt und behütet nicht nur von deinem physischen Körper, sondern auch von deinem Ätherleib, dem Astral- oder Gefühlskörper und deinem Mentalkörper. Und hier, unter all den Schichten, findest du in dem heiligen Tempel deines Herzens dein göttliches Selbst:

Strahlendes Licht voller Liebe, rein und heilig. Wenn du dich an dieses innere Heiligtum wendest, an deinen göttlichen Geist, dein ICH BIN, öffnest du dich der Kraft der Heilung und sie beginnt, in dich zu strömen.

Jede körperliche Krankheit hat ihren Ursprung in einer Disharmonie der Seele. Die heilende Lichtmedizin der geistigen Welt wirkt deshalb nicht nur auf deinen Körper, sondern heilt auch die Verletzungen deines Herzens und wirkt in Liebe auf deine Seele ein.

Die Liebe deiner göttlichen Freunde wird dich so leiten, dass du immer mehr das Schöne, Gute und Wahre wählst, und vergebend, geduldig und gütig wirst – dir und deinen Nächsten gegenüber.

Der Geist, der du bist, hat die Fähigkeit, die Schwingung der Materie – also auch deines Körpers – zu verändern.

Öffne dem Licht des Göttlichen, überbracht von den Engeln, dein Herz, um die reine heilende Liebe zu empfangen. Je mehr du lernst, wahrhaftig zu lieben, desto mehr wird dein Ätherleib zu dem, was er ist: dein Lichtkörper. Er beginnt, deinen physischen Körper zu erleuchten und erlöst alle Dunkelheit, und Krankheit wird zu Licht.

So begebe dich nun auf die Suche und gehe durch Meditation und das Gebet nach innen. Erlange dein inneres Wissen über die Schönheit und Vollkommenheit deiner Göttlichkeit.

Die Engel – unsere lichten Freunde und Begleiter

So durfte auch ich mein Wunder erleben und trage es in diesem Augenblick in mir. Ich darf nicht nur Schwester, Tochter, Frau sein, sondern auch Mutter. Das ist für mich voller Heiligkeit und erfüllt mich Tag für Tag mit tiefer Gnade.

Dieses Wunder wurde durch den Beistand meiner geistigen Freunde und der Engel möglich. Viele Menschen erfahren in dieser besonderen Zeit auf wundervolle Art und Weise den Beistand unserer geistigen Freunde.

Die Zeit der Engel, in der die Zusammenarbeit zwischen uns Menschen und den Engeln immer intensiver und fühlbarer wird, hat zu Beginn des Wassermannzeitalters begonnen.

Die Engel entstammen einer anderen Entwicklungslinie als die Menschen, obwohl sie durch ihre allumfassende, bedingungslose Liebe eng mit den Menschen verbunden sind und ihnen auf ihrem Lebensweg zur Seite stehen. Niemand von uns geht den Weg allein.

Diese Verbindung mit den Engeln wird helfen, die Erde wieder in ihrer Schönheit erstrahlen zu lassen und die Menschheit zurück in eine harmonische Gemeinschaft zu führen. Viele Menschen, so wie auch du, sind empfänglich geworden für die heilende Energie der Engel und ihre Botschaften.

Engel sind höhere Wesenheiten, die aus dem göttlichen Licht und dem reinen Liebesbewusstsein kommen. Sie haben kein Ego mehr, das sie von der göttlichen Einheit trennt. Dennoch sprechen sie oft zu uns Menschen in der Ich-Form, um sich verständlich zu machen. Aber in Wahrheit sind Engel ein Funke des Lichts und die reinste, strahlendste Schwingung der Liebe. Sie sind ein Aspekt der göttlichen Einheit und formlos.

Unsere menschliche Idee der Engel als ein Lichtwesen mit großen Schwingen ist für unsere begrenzte Wahrnehmung gedacht, so wie vielen Menschen die Engel erscheinen. Ein unbeschreibliches, strahlendes Licht geht von der Gestalt eines solchen Lichtwesens aus, besonders von der Krone des Hauptes. Und diese Strahlen sehen für uns Menschen oft wie Lichtflügel aus.

Engel sind reines Bewusstsein, hell strahlende Lichter der reinen göttlichen Energie. Und ihre Lichtströme berühren die Erde und alle offenen Herzen mit dem Gedanken der bedingungslosen, allem Leben dienenden Liebe.

Engel haben nie die Erfahrung einer menschlichen Inkarnation gemacht – anders als Meister –, und sie können uns Menschen auch nur sehr schwer nahetreten, bis wir erlernen, unsere Gefühle zu beherrschen, und Frieden und Liebe in unseren Herzen schwingt.

Das Wissen und die Kenntnisse über Engel waren schon immer Bestandteil der alten Weisheiten. Je mehr sich aber die Menschheit den materiellen Aspekten des Lebens zuwandte und zugleich ihr Bewusstsein immer mehr auf das Äußere richtete, so wurde auch die Auffassung über die Engel immer mehr in Materie gekleidet. Sie wurden auf Gemälde verbannt und auf Sockel gestellt und somit immer unerreichbarer.

Die Menschen entfernten sich von dem Göttlichen, da sie die eigene Göttlichkeit nicht mehr erkannten. Nun aber ist es an der Zeit, dass wir Menschen Hand in Hand mit den Engeln dem neuen Zeitalter der Liebe und einem ganzheitlichen Liebesbewusstsein den Weg bereiten, um gemeinsam die Menschheit und Mutter Erde wieder durch die heilende Schwingung des göttlichen Lichtes heimzuführen in die Einheit.

Die Engel sind immer mit uns. Sie beurteilen nicht, sie erwarten nichts. Sie strahlen einfach reine Liebe aus, um dich und mich zu führen, zu trösten, zu inspirieren und zu heilen. Ihre Liebe wird deinen Weg erhellen, wenn du dich ihnen öffnest.

Sie wachen über dich und verstehen deine Probleme, auch wenn sie diese nicht im selben Licht sehen wie du. Eine ihrer wichtigen Aufgaben in dieser Zeit ist es, dein Bewusstsein auf eine höhere Ebene zu erheben. Auf eine Ebene der Liebe, des Lichts und des reinen Friedens, jenseits aller Traurigkeit und Probleme des physischen Lebens.

Je mehr Liebe du ausstrahlst, umso leichter fällt es den Engeln und Lichtwesen, über deine Liebesschwingungen wie über eine Brücke zu dir zu strömen und dich mit ihrem Licht zu erfüllen. Dann wird dein Wesen mit unbeschreiblicher Freude beschenkt. Denn die Engel leben in einem Resonanzfeld der reinen allumfassenden Liebe. Und sehr gern helfen sie dir, alles Dunkle aus deinen Gefühlen, Gedanken und Körpern zu erlösen.

Da aber nach dem göttlichen Gesetz des freien Willens jeder persönliche Lebensweg respektiert wird, können die Engel dir nur beistehen und helfen, wenn du sie darum bittest und sie über ein Herz voller Liebe einlädst. Deine Liebe bildet dann das Resonanzfeld, über das sich die Engel mit deinem Bewusstsein verbinden können.

Sei dir sicher, dass es für alle Formen von Energie besondere Engel gibt.

Wenn du gerade Kraft und Vertrauen brauchst, so rufe einfach mit offenem, liebevollem Herzen den Engel der Kraft und des Vertrauens. Und wenn du Heilung bedarfst, setze dich auf diese Weise mit dem Engel der Heilung in Verbindung.

Über deine Liebe ziehst du wie ein Magnet die Energie der Engel an und sie können ihre hohe, lichte Schwingung zu dir strömen lassen.

Die Engel können dann deinen physischen Körper und auch deine feinstofflichen Körper reinigen und harmonisieren. Doch das kann nur geschehen, wenn du in deinem Herzen JA dazu sagst.

Dein JA der Liebe ist dann der feinstoffliche Leiter, über den die Energien der Engel zu dir strömen können. Deshalb geht es, wenn du Engel um Hilfe bittest, nicht um eine bestimme Wortwahl, sondern um die energetische Verbindung durch die Liebe.

Daher kannst du die Botschaften und Lichtenergien der Engel nicht nur auf der Verstandesebene wahrnehmen, sondern empfängst sie auch in deinem Herzen und in deinen Energiekörpern.

In der Zeit, als ich nach dem Zusammenbruch in einem Zustand zwischen Himmel und Erde schwebte, waren so wunderschöne Engel um mich herum und immer anwesend. Sie kamen meinem Herzen so bekannt vor, und als ich sie darauf ansprach, teilten sie mir mit, dass jeder Mensch neben seinem ganz persönlichen Schutzengel zu einer ganz bestimmten Engelsgruppe gehört.

Bei der Inkarnation auf Mutter Erde habe ich mich aus dieser Gemeinschaft gelöst, aber viele dieser Engel umgeben mich immer in Liebe, gerade in Zeiten großer Herausforderungen. Die Engel kamen mir deshalb so bekannt vor, und auch weil sie mich schon früher bei meinen nächtlichen Astralwanderungen begleitet haben.

Sie ließen mich wissen, dass die geistige Verbindung mit meinen Geschwistern des Lichts immer bestehen geblieben ist und sie nur darauf warten, dass ich mich ihnen in Liebe öffne, damit sie ihr heilendes Liebeslicht über mich verströmen können.

Sie übermittelten mir die wunderschöne Botschaft, dass alle Engel nicht außerhalb von uns Menschen zu finden seien. Denn die Engel sind ein Teil von uns, so wie du ein Teil von ihnen bist, denn in der göttlichen Liebe ist nichts getrennt.

Es liegt an uns Menschen, uns wieder daran zu erinnern, wer wir wirklich sind. Und die Engel stehen uns dabei mit ihrer Liebe zur Seite. Sie wirken mit sanften und lichten Strömen der Liebe in unseren Herzen und helfen uns dabei, immer mehr aus unserem göttlichen Selbst heraus zu handeln.

Die Engel senden uns allgegenwärtig ihr Licht und dieses Licht wird harmonische Gedanken in dir entstehen lassen. So öffne dich den Engeln. Jetzt, in diesem Augenblick sind sie bei dir.

Lies bitte diese Worte nicht nur mit den äußeren Augen, sondern nimm wahr, wie du mit deinem Stirnchakra in diesem Augenblick Schwingungen des Lichts und der Liebe empfängst. Nimm wahr, wie deine Resonanz sich erhöht, und in dir ein wundervolles Licht zu leuchten beginnt. Öffne dein Herz, indem du dir sagst:

ICH BIN LIEBE.

Deine Schwingung ist jetzt so hoch, dass du die Gegenwart der Engel mit deinem ganzen Sein empfangen kannst wie eine lichte Umarmung. Und die Schwingungen der Engel verbinden sich mit den deinen.

Durch die reine, grenzenlose, bedingungslose Liebe der Engel wirst du dir immer mehr bewusst, dass du in deiner Essenz Licht und Liebe bist. Es ist, als würdest du in diesem Augenblick durch die Pforte deines Herzens treten, um mit deinem göttlichen Selbst eins zu sein.

Noch etwas teilten mir die Engel immer wieder in ihrer grenzenlosen Güte mit: Sie lehrten mich, dass es ein großer Fehler von uns Menschen sei, die Ebenen des Lebens zu trennen.

Wir Menschen sagen oft: Wir sind hier unten auf der Erde und die geistige Welt und die Engel sind da oben im Himmel. Aber die Engel wünschen sich so sehr, dass wir uns bewusst werden, dass die höheren Welten sich alle gegenseitig durchdringen.

Sie sprechen von den »höheren Welten«, nicht, weil sie von uns Menschen getrennt sind, sondern weil es sich um Welten des Lichts handelt. Wir finden sie nicht im dichten, materiellen Bewusstsein. Aber wenn wir uns der Liebe öffnen, finden wir die Engel und ihr Reich des Lichts augenblicklich.

In uns allen ist ein Licht, wie eine innere Stimme, ein Sehnen. Folge ihm und das Licht führt dich an einen Ort großer Schönheit voller Liebe. Hier weitet sich dein Bewusstsein, und an diesem Ort kannst du den Segen und die bedingungslose Liebe der Engel erfahren, um zu erkennen, dass es keine Trennung gibt.

Den Schlüssel zu dem Reich der Engel findest du in deinem Herzen. Sein Name ist Liebe und er öffnet dir das Tor zur Glückseligkeit. So wisse, dass dir die Engel immer nah sind.

Vielleicht siehst du sie noch nicht mit deinen physischen Augen, aber du nimmst im Geist ihre Botschaft wahr, wenn du mit dem Herzen hörst.

Daher stelle dir die Engel niemals weit von dir entfernt vor. Sie sind immer rund um dich herum und in dir und werden dich auf den Weg des Lichts führen. Sie sind die strahlende Kraft der Göttlichkeit, die dich einhüllt und behütet.

Sie wirken in dieser neuen Zeit Hand in Hand mit uns Menschen. Deshalb entwickle dein Bewusstsein und deine Fähigkeiten, ein reiner Vermittler für die Engel zu sein. Denn die Engel brauchen dich, um mit dir die neue Welt auferstehen zu lassen.

So halte das Licht in deinem Herzen am Leuchten. Dann werden alle deine Worte, Gedanken und Handlungen aus dem Herzen der göttlichen Liebe heraus geleitet.

Das ist das Licht deiner göttlichen Liebe, das Christuslicht und deine wahre göttliche Ich-bin-Gegenwart. Hier fühlst du nichts als Liebe – eine allumfassende Liebe, die dann auch aus dir wie ein Strahlen in die Welt fließt. Auf diese Weise erfährst du die Umarmung der Engel.

Du kannst dann nichts als reine Liebe fühlen, Einheit mit allen Wesen der Erde und des Himmels. Denn die Macht der Liebe erhöht dich und zeigt dir den Weg zu den Engeln, die dich so unermesslich lieben.

Es ist jede Anstrengung wert, um die Meisterschaft der Liebe zu erlangen und endlich unsere gottgegebenen Fähigkeiten und unsere Schöpferkraft zu leben. Daher lasst uns keine Gelegenheit versäumen, unser Herz in die Liebe zu erheben, um so unsere Schwingung zu erhöhen. Damit wir Hand in Hand mit den Engeln einem neuen Zeitalter entgegengehen können, das sich in seiner Schönheit kaum erträumen lässt.

Die Botschaften der Engel sind wie das Licht, das Klarheit entzündet für Heilung in unserem Leben. Um authentisch zu sein und uns so anzunehmen, wie wir sind, ist es notwendig, unser Herz zu öffnen, damit wir uns bedingungslos lieben können.

Die Energie der Engel vermittelt uns diese Qualitäten von Liebe und Weisheit.

In dieser Schwingung wird jeder Mensch gesehen und erkannt in seiner Kraft und Einmaligkeit, auf dass er sich erinnern kann. Die Engel lehren uns, dass das Leben vergleichbar ist mit einer Reise, auf der du immer wieder Neues über dich selbst entdecken wirst, damit du immer höhere Formen der Liebe zum Ausdruck bringen kannst. Bis du letztendlich zur bedingungslosen Liebe fähig wirst.

Dann kann das Wunder der Heilung geschehen.

Die Botschaften der Engel

Heilende Gedanken des Lichts

In der Zeit meiner schweren Krankheit war es trotz des Beistands, den ich auf Erden und im Himmel an meiner Seite hatte, nicht immer leicht, fortwährend in der Liebe zu sein.

Aber göttliche Ordnung entsteht sehr oft aus dem Chaos und nach einer Phase der Disharmonie und des Ungleichgewichts kehrt die Harmonie wieder zurück. Und so hat jede Form der wahren Heilung damit zu tun, wieder in unsere Mitte, unser göttliches Zentrum zurückzukehren. Deshalb halfen mir die Engel immer wieder, mein Gleichgewicht wiederzufinden, und ließen mir in solchen Momenten Botschaften zukommen, wie wichtig innere Harmonie, heilendes Denken für meine Genesung sei.

Einmal, als ich nach vielen Monaten ständiger Schmerzen begann, zermürbt zu werden und mich Traurigkeit erfüllte, bat ich die Engel mit all meiner Liebe um ihre Hilfe.

Ich wurde plötzlich sehr schläfrig. Und so legte ich mich hin und schloss meine Augen. Ich nahm die Gegenwart meiner Engelfamilie wie ein tröstendes, sanftes Licht wahr. Dieses Licht verströmte Heilung in mein ganzes Wesen. Ich nahm die Worte meiner Engel als einen Strom der Liebe wahr. In diesem einen Moment wusste ich, dass alles gut ist. Tiefer Frieden durchströmte mein ganzes Sein.

Als ich wieder zurückkehrte, waren alle Traurigkeit und Schmerz erlöst und ich schrieb ihre Botschaft nieder.

Die Botschaft der Engel

Wir Engel sind immer bei dir, geliebte Seele, denn unser Licht ist untrennbar mit deinem verbunden. Wir sehen deinen Schmerz, deine Sorgen, dein Leid. Und wir möchten dir so gern etwas über die Macht, die dir innewohnt, sagen. Der Macht deines eigenen Bewusstseins, deiner Gedanken. Die Kraft deiner eigenen Seele.

Zu häufig seid ihr, du und so viele Menschen, immer noch auf der Suche. Und leider sucht ihr immer nach Heilung außerhalb von euch selbst.

Versuche, die Schmerzen und das Leid deines äußeren Selbst nicht in die Gewänder der Angst und Traurigkeit zu hüllen. Nimm das, was dich schmerzt, in Liebe an, und hülle alle dunklen Gedanken ins Licht der bedingungslosen Liebe ein.

Jeder Mensch, der auf Erden inkarniert ist, hat eine Wunde, trägt einen inneren Schatten in sich. Die Heilung dieser Verletzung ist eine sehr wichtige Lektion in deinem Leben. Zu Beginn hast du die Verletzung, den Schatten in dir, vielleicht geleugnet oder mit Wut auf sie reagiert.

Aber du hast in deinem Leben nun erkannt, dass es nicht möglich ist, deine Wunde zu verstecken. Und so sei mutig und stelle dich deinem Schatten. Sei bereit, den Schmerz zu fühlen und auch deine Angst oder deine Wut zu empfinden und auszudrücken.

Nur du selbst triffst den Entschluss, heil zu werden und zu leben. Und je ernster die Wunde, je dunkler der Schatten ist, desto wichtiger wird es für dich, dich mit all deinem

Wesen und jedem Gedanken auf das Leben und das Licht auszurichten.

Daher sind Krankheit und Schmerz wie ein innerer Weckruf, der dich erwachen lässt, um auch dem Schatten und der Verletzung in dir Beachtung und Liebe zu schenken. Deshalb beginne jede Heilung damit, anzunehmen, was gerade ist, und bringe dir Akzeptanz, Bewusstsein, Mitgefühl und vor allem Liebe entgegen.

Das ist ein sehr wichtiger Schritt für deine Heilung, der immer mehr bewirkt, dass du dich völlig bedingungslos annehmen kannst, so wie du gerade bist, mit deinem Schatten und deiner Wunde.

Sobald du dir Liebe und Akzeptanz schenken kannst, wird der Schatten erleuchtet und die Wunde kann heilen.

Die Liebe wird dir helfen, dein äußeres Leid als eine Möglichkeit anzuerkennen, um deine eigene Schöpfung zu erlösen.

Begreife, dass du selbst das Zentrum deines Seins bist, die Sonne deines Universums, und dass du die Kraft besitzt, alles zu erhellen und die Dunkelheit zu erlösen.

Die Ausrichtung deines Bewusstseins, das, worauf es sich einlässt, ist entscheidend dafür, wie du dich fühlst, was du denkst und damit, wie du handelst. Aus deinem tiefsten Inneren heraus steuerst du all das, so wie eine Sonne ihre Strahlen nach außen richtet.

Anerkenne, dass es Aspekte deines Selbst gibt, die sich in ihrer Dunkelheit nach deinem Licht der Erlösung sehnen, Verletzungen, auf die du dein eigenes Licht werfen solltest.

In dir trägst du viel zu lange unterdrückte, eingefrorene Gefühle und Erlebnisse, die von den Strahlen deiner Seele erwärmt werden wollen.

Dann hörst du endlich auf, alle Negativität und Angst durch Verleugnung zu ernähren.

Nun können diese Energien nicht mehr in dir Raum fassen und lösen sich auf. Lass dein göttliches Licht vielmehr auf all das Heile, Schöne, Vollkommene in dir und deinem Leben scheinen.

So viele Meister haben den Menschen diese Wahrheit gebracht: Deine Gedanken sind Licht und werden deine Wirklichkeit. Sie sind die Basis für deine Lebenserfahrung. Denn alles, was du an Energie aussendest, kehrt zu dir zurück. Gedanken sind nichts weiter als reine lichte Felder von Energie. Und jeder Gedankenstrom manifestiert sich in irgendeiner Form in deinem Leben.

Gedanken der Liebe sind sehr wichtig, sie sind der Quell deiner Heilung. Disharmonie und Zweifel in deinem Denken und damit in deinem Leben verursachen Krankheit, Harmonie hingegen Gesundheit.

Vermeide deshalb alle Emotionen und Gedanken, die abbauend und zerstörend sind, wie Gedanken der Wut, der Angst und der Schuld. Stattdessen erfülle dich mit positiven, gütigen göttlichen Gedanken, denn nur dann kann auch unser Licht, das Licht der Engel, in dich einströmen.

Selbst körperlicher Schmerz kann den Tempel deines Herzens nicht berühren, es sei denn, du lässt ihn zu.

Das ist eine wichtige Lektion auf dem Weg des Erwachens. Es kann dir in Wirklichkeit nichts geschehen, dein ewiges göttliches Selbst kann nichts verletzen.

Nichts kann dir widerfahren und es gibt nichts zu fürchten außer der Furcht selbst. Wenn du mit deinen Gedanken im göttlichen Licht verweilst, wird das weiße göttliche Licht dein Sein durchströmen und alle Dunkelheit erhellen.

Lebe friedvoll, ruhig und voller Vertrauen in der göttlichen Liebe. Dann werden dich vollkommene Freude und Glück erfüllen. Wenn du dich auf das Negative konzentrierst, verstärkst du nur die negative Energie in dir.

Daher bitten wir Engel dich im Namen der Liebe: Höre auf, negativ zu denken. Damit entziehst du dem Negativen die Energie und es wird sich sanft auflösen.

Die wahre Realität ist das Licht. Sie ist alles, was positiv, gut, rein und wahrhaftig ist. Das ist die Wahrheit! Alles das, was die Menschen als schlecht bezeichnen, ist nicht die göttliche Schöpfung.

Richte dich deshalb stets auf das Gute, Schöne und die gütige Liebe aus. Bade und verweile in diesen heilenden Gedankenströmen.

Viele Menschen halten noch an Angst und Traurigkeit fest, weil sie glauben, dass diese Gedanken natürliche menschliche Regungen sind. Die Wahrheit aber ist, dass du selbst solche Gedanken an dich heranziehst. Du bist wie ein schöpferischer Magnet.

Auf dieselbe Weise kann der Ratschlag oder die Hilfe von anderen nur dann angenommen werden, wenn du deinem inneren Herzenslicht, deiner Seelensonne (wie wir Engel dieses Licht gern nennen) erlaubst, ihr Licht auf den Aspekt, für den du Hilfe benötigst, zu werfen.

Es ist immer deine freie Wahl, diesen Aspekt ins Licht zu bringen und die Tür der Liebe zu öffnen. Niemand außerhalb von dir selbst kann das für dich tun.

Das ist der Grund, wieso dir niemand helfen kann, wenn du es dir selbst nicht gestattest. Deshalb kann auch die irdische Medizin nur bis zu einem gewissen Punkt Heilung bringen. Das gilt auch für die Hilfe von unserer Seite.

In euch Menschen sind so viele Zweifel lebendig, die euch glauben lassen, dass ihr nicht fähig seid, euren eigenen Weg zu finden, euer eigenes Schicksal wieder zu erspüren. Auch in dir, liebes Herz, sind diese Zweifel …

Diese Zweifel hängen mit eurer Vergangenheit, in der ihr euch selbst für lange Zeit verloren habt, zusammen. Wir Engel sprechen hier vor allem über eure Vergangenheit auf der Erde, eine Vergangenheit von vielen Erdenleben, in denen du viel Dunkelheit erlebt hast.

Es ist eine Vergangenheit, in der du mit viel Angst konfrontiert warst und in der die Angst deine innere Sonne, euer Seelenlicht, überschattet und viele Wunden hinterlassen hat, die sich jetzt nach Heilung sehnen und sich deshalb zeigen.

Daher ist es eine wichtige Aufgabe für dich in deinem irdischen Menschenleben, dich gedanklich immer mehr auf die Ebenen des Lichts und der Liebe emporzuheben.

Du, liebe Seele, und die ganze Menschheit sind dabei, langsam dabei, zu erwachen. Große Teile von dir sind schon wieder heimgekehrt ins Licht, aber es gibt immer noch viele Aspekte, die noch im Dunkeln liegen, überschattet von Angst und Unsicherheit über dich selbst.

Du kannst diese innere Dunkelheit und die Zweifel mit einem Kind vergleichen, das seine Eltern verloren hat. Es fühlt sich einsam und verlassen. Ein Teil deines Bewusstseins ist dieses einsame, hilflose Kind. Es hat sich in einer Vergangenheit voller Angst und Schmerz verloren. Aber die Vergangenheit ist nicht deine Realität, denn Zeit ist auf der Ebene deiner Seele in gewisser Weise eine Illusion.

Nichts kann unwiderruflich in der Zeit verloren gehen. Es gibt keine zugefallenen Türen auf deinem göttlichen Weg nach Hause. Das hilflose Kind in dir selbst, das in der Vergangenheit verloren ging, kann wiedergefunden und geheilt werden.

Das ist deine Aufgabe, und so wie du dich durch Gedanken der Liebe und des Lichts körperlich heilen wirst, so wirst du auch dein Bewusstsein und deine Seele heilen.

Du kannst, verbunden mit deiner göttlichen Wahrheit, dein inneres Kind lieben, wärmen und es wieder zum Leben voller Urvertrauen zurückführen.

Die Menschheit nähert sich dem Ende eines gewissen Zyklus' in ihrer Entwicklung und es wird Zeit, über die Erfahrungen, die voller Leid und Schmerz waren, hinauszuwachsen. Und das möchten wir Engel, wenn wir über die Macht deines Bewusstseins reden, besonders deutlich machen:

Du trägst seit Anbeginn die Kraft in dir, dein verwundetes inneres Kind, deine Angst und deine Zweifel zu heilen.

Im Licht deiner Seele erkennst du, dass jeder Schatten und selbst deine Wunden nur Illusion sind. Wenn du in dem Segen der Selbstliebe ruhst, werden die Wunden geheilt. Du lebst in einer solchen Zeit der tiefen Transformation. Du musst zuerst den Schmerz deiner Verletzung, die Schatten deiner Gefühle spüren. Denn deine Krankheit ist das Tor von der Illusion zur Wahrhaftigkeit. Und der Schlüssel für das Tor der Heilung ist stets die Liebe.

Wenn deine Gedanken von dem göttlichen Geist durchströmt sind und dein Herz von Liebe erfüllt ist, wird der Spiegel deines äußeren Lebens dir Wunder der Schönheit reflektieren.

Deine Handlungen in deiner Welt werden die Manifestation deiner göttlichen Gedanken sein. Dein Leben, wenn es durch positive Gedanken beeinflusst wird, ist friedlich, harmonisch und glücklich. Und in diesem Leben wird dich nichts mehr stören. Denn die Schwingungen deiner lichten Gedanken sind in vollkommener Resonanz mit dem Göttlichen, sodass keine Störung mehr von außen dich berührt.

Gute, schöne, harmonische Gedanken erschaffen das Leben, das du dir wünschst. Mit deinen Gedanken bist du Schöpfer deiner Welt und deiner Erfahrungen. In jedem Augenblick baust du dein Morgen auf und mit jedem Gedanken erschaffst du deinen zukünftigen Weg.

Wisse, dass deinen Taten, den liebevollen und den lieblosen, immer Gedanken vorangegangen sind. Und alle Gefühle und Gedanken kehren zu dir zurück. So ist das Gesetz des Karmas.

Du bist befähigt, dich über deine Ängste zu erheben, indem du dich bewusst für die Liebe entscheidest.

Wenn du das aber nicht machst, identifizierst du dich immer mehr mit diesen negativen Energien, die das Rad der Wiedergeburt weiterdrehen.

So wirst du schon bald verstehen, dass diese Reise und auch deine jetzige Erfahrung, deine eigene tiefste innere Wahl und ein wahrlich göttlicher Akt der Schöpfung waren. Der tiefe Schmerz und auch das Leid waren ein Aspekt dieser Reise der Erfahrungen, und diese Erfahrungen haben dich wachsen lassen und dadurch heimgeführt. Denn als du dich als Seele von dem großen Ganzen abgetrennt hast, von Vater-Mutter-Gott, hast du dir selbst gestattet, eine Menge Dinge zu entdecken und vieles zu erleben.

Im aktuellen Stadium deiner Reise, in dem es noch immer jede Menge inneren und auch körperlichen Schmerz gibt, ist manchmal für dein Bewusstsein nur schwer erkennbar, was die tiefere Bedeutung dieser langen Erdenreise nach Hause gewesen sein soll.

Aber wir Engel möchten dir sagen, dass du ein wunderbares Wesen des Lichts bist, mit großem Mut und großem Vertrauen in den Schöpfer, sonst hättest du diese Reise gar nicht erst angetreten. Wir möchten dich an das Funkeln des Mutes, des Glaubens, der Liebe und des Lichts in dir selbst erinnern.

Fühle dieses funkelnde Licht in deinem Herzen wieder, verbinde dich mit ihm. Die Erlösung liegt in dir selbst, genau wie die Kraft der Heilung. Sie liegt in der Anerkennung deines wahren göttlichen Selbst und der bedingungslosen Liebe deiner Seele.

Deshalb bitten wir dich: Wann immer du dir eines negativen Gedankens bewusst wirst, löse ihn sofort in Licht und Liebe auf. Und bitte uns Engel um Beistand, um alle Angst und jedes Leid in den hohen Energien der Liebe zu erlösen.

Die Zeit ist gekommen, die verlorenen Teile deines Selbst wieder zusammenzusetzen und zu integrieren.

Es ist Zeit, wieder die Sonne deiner Göttlichkeit zu werden, die du schon immer warst, bist und immer sein wirst.

Indem du die Macht deiner Gedanken zurückgewinnst, kreierst du eine völlig neue Wirklichkeit beziehungsweise Bewusstseinsebene. Wenn du deine eigene Göttlichkeit wieder anerkennst, erlaubst du dir, endlich nach Hause zu kommen.

Erwecke dein Seelenbewusstsein in dir, das wunderbare Gefühl von Einheit und Harmonie, das du einst in dir trugst.

Das ist das Wunder dieser neuen Zeit: Ein einzelnes Wesen, ein einzigartiges und individuelles Bewusstsein zu sein und zur gleichen Zeit mit allem verbunden. Wir Engel stehen dir bei diesem Übergang immer zu Seite. Und tragen die Botschaft der heilenden Liebe in jedes Menschenherz, das sich uns öffnet. Denn immer, wenn ein Mensch erwacht, verstärkt sich das Licht auf Mutter Erde. Und so bitten wir dich, nicht länger zu warten, keine Zeit mehr zu vergeuden.

Deine Heilung ist wichtig und bringt wertvolle Heilung zu allen Wesen. Vor dem Göttlichen sind alle Wesen gleich. Irgendwann wird jeder Mensch seinem Schatten und seinem Schmerz begegnen und erfahren. Egal ob arm oder reich, schwarz oder weiß, auf dem Weg der Heilung erfahren alle Menschen den gleichen Schmerz, und so sind der Schmerz und die Krankheit wie ein großer Gleichmacher. Nur lasse deinen Schmerz und deine Krankheit nicht zu deinem allgegenwärtigen Begleiter werden, sondern zu deinem Botschafter der Seele.

Wenn du ihn annimmst und zuhörst, lehrt er dich Demut und erhöht deine Fähigkeit der Liebe und des Mitgefühls für dich und alle Wesen. Schmerz und deine inneren Schatten lehren dich, deine Masken abzulegen und deine göttliche Seele anzuerkennen, aber genauso auch dein verletztes inneres Kind.

Sobald du den Mut aufbringst, dir deinen eigenen Schmerz anzusehen, gibst du dir die Erlaubnis, wahrhaftig zu sein und zu wachsen. Wenn du deine Emotionen ohne Wertung zulässt, öffnest du das heilige Tor, und blockierte Energie kann wieder fließen und Liebe darf heilen.

Daher öffne uns Engeln deine Gedanken und dein Herz. Lass uns gemeinsam den Strom der Liebe verstärken und ihn bewusst in deine Gedanken und Gefühle lenken.

Schließe wieder für einen Moment deine Augen und fühle die Worte und die Schwingung. Nimm das Licht in dein Bewusstsein auf und lass die Schwingung der Liebe dich erfüllen.

Sage dir:
ICH BIN LICHT. ICH BIN LIEBE. DAS IST MEINE WAHRHEIT.

Wann immer du auf Lieblosigkeit in deinen Gedanken triffst, auf Zweifel oder Angst in deinem Herzen, erinnere dich daran. Du bist fähig, aus deiner Quelle der Ich-bin-Gegenwart Liebe zu denken und auszustrahlen.

Löse jeden negativen Gedanken durch seinen Gegenpol auf. Sei dir immer bewusst, was du gerade denkst. Das ist einer deiner göttlichen Schlüssel zur Heilung.

Der Gedanke besitzt reine göttliche Kraft. Alles hat mit einem Gedanken begonnen. Ohne Gedanke wäre nichts erschaffen worden, sondern unbewusst geblieben.

Durch die Kraft deiner Gedanken der Liebe und des Lichts erlöse dich von allem Leid. Im göttlichen Geist existiert nur Liebe.

Die Menschen beginnen immer mehr, die Augen und Herzen zu öffnen, um die Wunder der Liebe und des Lebens zu sehen, und es wird weder Trennung noch Tränen geben. All die Sorgen, all die Krankheiten werden nicht mehr nötig sein.

Die Menschheit hat die Tiefe berührt, die Dunkelheit gesehen. Jetzt ist es Zeit, nach oben, ins Licht, in die Höhe zu blicken.

Öffne dich jetzt, in diesem Augenblick, vollkommen der göttlichen Liebe und du wirst die Melodie der Liebe tief in dir fühlen und hören. Diese Melodie, diese Botschaft bringt dir Segen und das Gefühl, Teil einer Welt des Lichts und der Liebe zu sein, die weit größer ist als jene Liebe der materiellen Welt – und dennoch nicht davon getrennt.

Du bist immer von der bedingungslosen göttlichen Liebe umgeben. Und wenn du dich ihr hingibst, bekommst du den Beistand, den du benötigst, um deinen irdischen Weg erleuchtet und im Licht des Bewusstseins zu gehen. Und durch das Licht der Liebe Tag für Tag Heilung und Erneuerung zu erlangen.

Es wird Zeit – Zeit dafür, dass dieses Bewusstsein im Menschen immer stärker wird.

Wir Engel sagen dir: Liebe ist der Weg. Wenn du deine Wunden mit Liebe versorgst, werden sie heilen. Dein wahres Selbst ist unverwundbar. Du kannst niemals wirklich von der Quelle der Liebe getrennt sein, denn du selbst bist die Verkörperung der Liebe. Heilen ist ein Erwachen und kein Weg des Kampfes, sondern ein sanftes, mitfühlendes Loslassen von Schuld und Verletzung. Verankere dich in der göttlichen Liebe und Gnade.

Du hast die Wahl, dich zu öffnen und im Licht deiner Seele wiedergeboren zu werden, um dann mit dem wahren Glanz deiner Göttlichkeit die Welt und dein Leben zu erhellen und zu heilen.

Krankheit in Liebe annehmen

In meiner Zeit im Krankenhaus und in der Nachsorge begegnete ich vielen Menschen, die krank waren und sich so sehr nach Gesundheit sehnten. Sie waren zum Teil voller Leid, erschöpft und auf der Suche nach Heilung. Ich sprach mit Menschen, die zum Teil schon ihr ganzes Leben krank und verzweifelt waren.

Andere sagten einfach, dass dieser Weg ihr Karma sei und waren bemüht, die wahre Bedeutung der Krankheit zu erkennen. Und ich erlebte, dass, wenn der Kranke die spirituelle Bedeutung der Krankheiten versteht, er Ruhe und Hoffnung durch Glaube und Demut fand, sodass er sein Schicksal in Frieden annehmen konnte.

Er bemühte sich dann um die Reinigung seines Geistes, weil er erkannte, dass die Ursachen seiner Leiden nicht nur aus dem physischen Körper kommen, sondern aus dem feinstofflichen Körper und dem Geist. Krankheit ist ein Botschafter und bringt Bewusstsein. Es ist wahrhaft nicht leicht, den Schmerz anzunehmen. Aber nur dann ist Heilung möglich.

Immer Hand in Hand, auch mit der Schulmedizin, ist ganzheitliche Heilung zu sehen. Denn alles, was man ablehnt, kontrolliert uns. Ich war früher selbst vollkommen gegen die Schulmedizin, aber erkannte, dass auch hier Frieden in mir nötig sei, um Heilung zu erlangen.

Ich segnete jede Tablette und jede Infusion mit Licht und Liebe und bat meine geistigen Freunde um ihren Beistand. So bekam ich trotz schwerer Medikamente keinerlei Nebenwirkungen.

Auch ich erkannte meine Krankheit als Teil einer karmischen Reinigung und als meinen Inkarnationsweg. Denn, wie schon erwähnt, haben die anatomischen oder physiologischen Mängel immer ihre Ursache im Geist.

Alle Krankheiten haben eine feinstoffliche Natur. Sie sind Veränderungen der Schwingungen, aus diesem oder aus einem anderen Leben. Das bezeichnen wir dann als Karma.

Denn die ätherische Energie, die gebraucht wird, um den Körper im Gleichgewicht zu halten, sinkt beträchtlich, wenn wir nicht richtig schwingen. Unsere ätherische Energie sinkt ab, wenn wir Wünsche und Gedanken hegen, die in uns Schwingungen von Furchtsamkeit, Niedergeschlagenheit, Sturheit, Zorn, Hass und ähnlichen krankhaften Emotionen erzeugen. Daher ist das Wiedererlangen des Gleichgewichts (Karma) entscheidend für Heilung.

Das Festhalten am Schmerz, was ich immer wieder erlebte, genauso wie das Verleugnen, lässt kein Gleichgewicht entstehen.

Ich dachte in dieser Zeit viel über dieses Gleichgewicht nach und so war es nicht verwunderlich, als ich eines Nachts die Gegenwart meiner Engel ganz nah bei mir fühlte. Ihr Licht durchströmte mich und gab meinem ganzen Sein das Gefühl vollkommener Leichtigkeit.

Liebevoll lächelten sie mir zu, nahmen mich an den Händen, und gemeinsam schwebten wir zu einem wundervollen Tempel des Lichts.

Ich hoffte und betete, dass möglichst viel von den Lehren, die ich an diesem heiligen Ort heute Nacht empfangen würde, mir im Gedächtnis bleiben würden, um sie später im Tagesbewusstsein niederzuschreiben.

Als ich früh am nächsten Morgen erwachte, war ich erfüllt von den Lehren der Engel und konnte sie voller Dankbarkeit und ohne Mühe wiedergeben.

Die Botschaft der Engel

Jeder Mensch ist von sich aus vollkommen. Doch müssen die Menschen diese Vollkommenheit wieder erlangen, da sie viel zu lange in der Illusion gelebt haben, nur Körper zu sein.

Aber jeder Mensch hat eine Seele. Sie ist das Licht, das in der Dunkelheit den Weg leuchtet. Sie ist der Leuchtturm, der euch Menschen immer Orientierung gibt.

Du bist durch deine Seele ein Aspekt und ein Teil des Göttlichen, denn deine Seele – wie die aller Menschen – stammt aus der göttlichen Quelle.

Deine Seele hat sich vom großen Ganzen abgespalten, um sich in der Materie der Dualität zu erfahren, also um zu lernen und zu wachsen. Die Seele an sich ist unverwundbar und unsterblich. Sie ist reine Liebe und pure Energie.

Deine Seele ist vollkommen – immer und zu jeder Zeit.

Deine Seele sehnt sich nach Kommunikation zwischen ihren Teilen. Deine Seele fühlt sich glücklich, wenn ein freier Energiefluss und eine ständige Erneuerung aller Aspekte ihrer selbst stattfinden. Blockaden hindern die Energie daran, frei zu fließen, und das bedrückt die Seele.

Die Seele versucht, mit dir durch körperliche Symptome oder Schmerzen zu kommunizieren.

Deshalb ist es für dich wichtig zu verstehen, dass alle Krankheiten eine spirituelle, geistige Ursache haben. Wir Engel möchten dir dies zeigen, indem wir dich bitten, zwischen den verschiedenen Körpern, die du in deinem Erdendasein besitzt, zu unterscheiden lernen.

Ein weiterer Aspekt von Krankheit kann auch Karma sein. Aber davon möchten wie später zu dir sprechen.

Wisse, dass du zusätzlich zu deinem materiellen Körper, der für dich am greifbarsten und erfahrbarsten ist, einen Emotionalkörper – deinen Gefühlskörper –, einen Mentalkörper – deinen Gedankenkörper – und etwas, was du als spirituellen Körper bezeichnen kannst, besitzt.

Daher kann ein körperliches Symptom oder eine Krankheit auf eine Emotion in dir hinweisen, die dir nicht bewusst ist. Das körperliche Symptom macht sie wieder sichtbar für dich, und zwar auf einem anderen Niveau, und hilft dir dadurch, mit der Blockade in Berührung zu kommen.

Krankheit nimmt meist im Emotionalkörper – dem Sitz deiner Gefühle – ihren Anfang. Von hier ausgehend setzen sich bestimmte Blockierungen im physischen Körper fest.

Häufig tragen Glaubenssätze des Mentalkörpers zusätzlich zur Entwicklung emotionaler Blockaden und damit auch zur Ausprägung einer Krankheit bei. Wir meinen hier jene tief sitzenden Glaubenssätze oder negativen Denkmuster, die oft unbewusst in dir existieren.

So zeigen dir deine Emotionen, wenn deine Energie nicht im Fluss ist. Wenn du ihrer Botschaft Beachtung schenkst und sie respektierst, lösen sich die Blockaden auch wieder sanft auf.

Zum Beispiel könnte es sein, dass du dich niedergeschlagen, energielos oder traurig immer dann fühlst, wenn du eine bestimmte Sache zu erledigen hast. Sobald du dann diesen Emotionen deine Aufmerksamkeit widmest, werden sie dir zeigen, dass du dich zu sehr zwingst, Dinge zu tun, die deine wahre Bestimmung und das, was du wahrhaftig bist, nicht wirklich unterstützen.

Wenn du jedoch deine Traurigkeit oder Kraftlosigkeit beständig ignorierst und dich weiterhin zwingst, Dinge zu machen, die du in deinem Herzen nicht wahrhaft als gut für dich empfindest, dann geht das negative Gefühl sozusagen in den Untergrund.

Es verschwindet nur scheinbar aus deinem Bewusstsein und drückt sich später mithilfe deines physischen Körpers aus. Die unterdrückte Emotion ist eine Energie, die von dir wahrgenommen werden will. Und wenn es so weit kommen muss, dass sie sich im Körper ausdrückt, dann manifestiert sie sich als körperliches Symptom.

So sagen wir dir, dass ein körperliches Symptom oder eine Krankheit oft auf eine Emotion in dir hindeuten könnte, die dir sonst überhaupt nicht bewusst würde. Das körperliche Symptom macht sie wieder sichtbar für dich, nämlich auf einer anderen, greifbaren Ebene. Und das hilft dir dabei, wieder mit der Blockade in Berührung zu kommen, sie im wahrsten Sinne fühlen zu können. Auf diese Weise sind körperliche Symptome oder Schmerzen wahrlich die Sprache der Seele. Deine Seele sehnt sich nach Einheit und Harmonie zwischen allen ihren Aspekten.

Deine Seele fühlt sich glücklich, wenn ein freier Strom der positiven, göttlichen Energie stattfinden darf. Blockaden hindern die Energie daran, frei zu fließen, und das bedrückt die Seele.

Krankheit kann dir also zeigen, wo du noch Heilung benötigst, wo das Licht deine Seele erlösen und erhellen darf.

Auch wenn Krankheit dir also negativ erscheint, da du durch verschiedene Symptome und Schmerzen geplagt wirst, liegt der Schlüssel doch darin, sie als Botschaft anzunehmen. Wenn du das beachtest, wird es so viel leichter für dich, mit der Krankheit zusammenzuarbeiten, anstatt sie zu bekämpfen.

Die Seele hat eine wundervolle Möglichkeit, mit dir zu kommunizieren: Sie versucht, durch deine Intuition zu dir zu sprechen: durch sanfte Gefühle, mit Vorahnungen, mit der zarten Stimme deines Herzens. Wenn sie dich auf diese Weise nicht erreichen kann, alarmiert sie dich mit deinen Emotionen.

Diese beginnen dann eine klarere, deutlichere Sprache zu sprechen. Sie zeigen dir sehr klar, dass es Zeit ist, in dein Inneres zu blicken, um die Ursache dieser emotionalen Reaktion zu finden.

Sobald du es dir gestattest, still zu werden und aufmerksam deiner leisen inneren Stimme lauschst, wird die Seele es dir sagen.

Alle Antworten, die du brauchst, findest du in der Stille deines Herzens. Du brauchst dich nicht an andere zu wenden, um Lösungen zu finden.

In der Stille deines Seins findest du die Fähigkeit, darauf zu vertrauen, dass dieselbe göttliche, weise Kraft, die diese Herausforderung in dein Leben gebracht hat, dir ihre Bedeutung und den Schlüssel zur Heilung zum richtigen Zeitpunkt offenbaren wird.

Das ist eine große Herausforderung für dich, weil die Angst und die Zweifel, die dich im Falle einer Krankheit erfüllen, dich oft dazu antreiben, dich an Autoritäten außerhalb deines Selbst zu hängen. Du fängst an, nach externen Autoritäten zu suchen, die dir einen Rat geben, dich heilen und trösten können.

Das können Ärzte oder Experten von alternativen Heilmethoden sein, spirituelle Meister oder Heiler; das macht im Wesentlichen keinen Unterschied. Das Wichtige dabei ist, dass du aus Angst deine eigene Verantwortung fallen lässt und sie, zumindest teilweise, an andere übergibst.

Natürlich ist nichts falsch daran und manchmal auch notwendig, einen Expertenrat anzuhören oder in der Liebe eines Meisters zu baden. Aber danach ist wichtig, dass du dieses Wissen in dir aufnimmst und es in deinem eigenen Herzen abwägst und integrierst. Fühle, ob der Rat in dir Resonanz hervorruft oder nicht. Nur du bist der wahre Schöpfer deines Lebens und Meister deines Körpers.

Nur du selbst weißt, was das Beste für deinen Körper und deinen Erdenweg ist. Im wahrsten Sinne des Wortes bist du selbst Schöpfer deines Körpers und deines Lebens.

Der Körper ist ein großartiger Lehrer und Freund. Er ist nicht nur die Hülle deiner Seele, um darin zu wohnen, sondern er spielt eine wichtige Rolle, mit der er der Seele hilft, sich auszudrücken, sich in der materiellen Realität zu erfahren und die Göttlichkeit und Vollkommenheit deiner Seele auch auf Erden zu leben.

Doch um dir deiner Göttlichkeit wieder vollkommen bewusst zu werden, hat es für dich bedeutet, zur Erde zurückzukehren, um Fehler wiedergutzumachen, die in einem anderen Leben begangen wurden. Diesen Prozess nennen die Menschen Karma. Alles, was du machst oder sagst, hatte und hat Auswirkung. Diese Auswirkung ist vollkommen wertfrei, sie ist weder Belohnung noch Strafe, sondern ist das Resultat einer Handlung.

Das Gesetz des Karmas ist somit auch die praktische Umsetzung des Gesetzes der Heilung. Du bekommst die Möglichkeit, zu deinen Handlungen zu stehen und das Geschehen wiedergutzumachen und vor allem dir selbst zu vergeben.

Dieses karmische Resultat kann auch die Ursache mancher Krankheit sein. Dieses Karma wird dann von deiner Seele bewusst gewählt. Diese bewusste Wahl hilft auch, Erbkrankheiten oder angeborene körperliche Defekte besser zu verstehen und mit ihnen Frieden schließen zu können.

In diesem Zusammenhang und generell in Bezug auf Krankheit sprechen die Menschen häufig von Karma, aber wir Engel sind sehr achtsam mit diesem Konzept, weil ihr Menschen die Tendenz habt, Karma mit Verbrechen und Strafe in Verbindung zu bringen. Aber das ist nicht die Wahrheit.

Die Seele hat das tiefe Verlangen, sich selbst ganz kennenzulernen und frei zu sein. Das ist ihr tiefstes Sehnen. Ausgehend von diesem tiefen Wunsch, nimmt sie manchmal Krankheiten, Beschwerden oder körperliche Defekte in Kauf, die ihr dabei helfen, ihr Ziel zu erreichen.

Deine Seele hat den starken Wunsch, sich zu befreien, und manchmal geht das am besten, indem du sehr schwierige Umstände in deinem Körper erfährst.

Denn während die Seele vor ihrer Erdengeburt in einem lichten, göttlichen Zustand lebte, unterrichten wir Engel jede Seele über ihre besonderen Lektionen und Erfahrungen in der bevorstehenden Inkarnation. Wir Engel zeigen jeder Seele mehrere mögliche Wege.

Und in dem hohen Bewusstseinszustand der lichten Welt wählt die Seele dann ihre Eltern aus und entscheidet sich auch für das jeweilige Leben, das sie auf Erden führen wird.

Jede Seele weiß, dass sie wahrscheinlich physisch, mental oder auch spirituell Leid erfahren wird, je nachdem, welche Lektion oder Erfahrung für sie wichtig ist, um altes Karma zu erlösen.

Das Gesetz des Karmas findet sich in deinem ganzen Leben, es ist also keine Strafe, sondern eine wundervolle Möglichkeit. Handlungen, die du in der Vergangenheit begangen, Menschen, die du verletzt hast oder die dich verletzt haben, werden in der Gelegenheit des Lebens umgewandelt und dadurch erlöst.

Das göttliche Gesetz durchströmt die gesamte menschliche Existenz.

Wir möchten deiner Vorstellung von Karma einen Blickwinkel geben, der sich von der menschlichen Vorstellung von Karma, als eine Art der Bestrafung, unterscheidet. Es ist ein Pfad der Heimkehr zu Gott, aber der menschliche Verstand allein wird dir Gott nie sichtbar werden lassen.

Gott ist nur an einem bestimmten Punkt der Erfahrung zu finden, wenn du nach innen gehst und du das Göttliche in deinem Herzen vernimmst. Leider gehen viele Menschen den inneren Weg erst, wenn das Außen zu schmerzvoll geworden ist und alle äußeren Wege keine Linderung versprechen. Schmerz ist ein großer Lehrer. Und so wird Karma, auch wenn es mit dem Verstand betrachtet unangenehm sein mag, ein wundervoller Gefährte für dich.

Durch dein Karma, wenn du es sinnvoll akzeptierst und nutzt, lernst du deine für dich wichtigen Lektionen und befreist dich von alten Fesseln und Begrenzungen.

Du erfährst, dass es nicht allein das Leiden ist, was dich lehrt, sondern vor allem deine Einstellung und deine Reaktion zu den Lektionen und Erfahrungen deines Lebens. Du kannst jederzeit deine Sichtweise verändern, indem du in dein Herz gehst und dich mit der innewohnenden göttlichen Liebe verbindest.

Durch deine innere Veränderung wandelt sich auch das Erleben im Außen.

So anerkenne dein Karma voller Freude und nimm es mit positiver Einstellung mutig an.

Durch diese Hingabe in Liebe im Geist der Demut und des Vertrauens werden die Folgen des Gesetzes von Ursache und Wirkung erlöst und das Karma ausgeglichen.

Doch diese Hingabe und das Annehmen deines Schicksals muss aus dem Inneren deines Seins kommen. Das ist nichts, worüber man nur nachdenken soll, vielmehr ist es wichtig, dass deine Hingabe und Akzeptanz aufrichtig in Taten und in deinen Worten ausgedrückt wird, gelebt wird!

In dem Moment, wo die Krankheit ausbricht, ist es dir selten klar, welche Botschaft sie bringt. Du hast ja die innere Stimme und die Zeichen, die sie repräsentiert, für sehr lange Zeit ignoriert. So ist ganz klar, dass du nicht sofort weißt, was die Krankheit dir sagen möchte. Die spirituelle Bedeutung einer Krankheit zu verstehen, ist ein heiliger Weg. Es ist eine Suche, eine innere Reise, in der du Stück für Stück die Göttlichkeit und Vollkommenheit in dir wieder entdeckst.

Um Heilung zu erfahren, ist der erste Schritt, die Krankheit zu akzeptieren. Die erste Reaktion auf Krankheit ist aber zumeist Verleugnung oder Widerstand. Du würdest lieber die Krankheit sofort verschwinden lassen, weil sie dir Angst macht. Du hast Angst vor Misserfolg, Schuld, Fehlerhaftigkeit und schließlich dem Tod.

Diese Angst, die dich erfüllt, wenn du mit körperlichen Störungen oder Krankheit konfrontiert wirst, hindert dich daran, die Krankheit von einer breiteren Perspektive aus zu sehen.

Beginne stattdessen, die Krankheit in einem anderen Licht zu betrachten. Du könntest sie als Botschafter deiner Seele sehen, und als Einladung, zu etwas Wertvollem, das du vergessen hast, zurückzukehren.

Leider ist aber in den Herzen vieler Menschen so viel Kritik und Anklage dem Leben und dem Schicksal gegenüber. Und diese negative Energie schwächt den Körper wie auch die Seele.

Wir Engel lieben euch Menschen so unermesslich. Aber euer Karma und eure Lektionen können wir nicht für euch tragen. In dein Karma darf die geistige Welt nicht eingreifen.

Alle diese Erfahrungen sind wichtig, damit dein Herz sich für die Wunder und die Schönheit deines inneren Lichts öffnen kann. Daher wende dich bei allen Herausforderungen deines Lebens nach innen.

Tritt ein in den Tempel deines Herzens und verneige dich vor der göttlichen Gegenwart in dir. Vertraue dich dem göttlichen Licht deiner Seele an, gib dich deiner Göttlichkeit hin und du wirst sofort Frieden finden. Du wirst nicht mehr daran zweifeln, dass alles in deinem Leben richtig ist, denn dann bist du im Einklang mit Gott: Mit Gott in dir.

Du erfährst, dass Gott Liebe ist und gütig, mitfühlend und sanft. Vertraue dieser Liebe und schöpfe die Kraft aus der göttlichen Quelle in dir.

Hier hast du, geliebte Seele, immer die Wahl: Nicht ob du den Weg deines Lebens weitergehen oder verändern möchtest, sondern ob du all die Erfahrungen deines Lebens in Liebe, Vertrauen und Hingabe annehmen kannst, anstelle deine Lebensenergie und dein Licht durch Wut, Angst und Enttäuschung zu schmälern.

Wenn du einmal etwas in deinem Leben nicht verstehen kannst, sei geduldig und vertraue voller Frieden. Wir Engel sind an deiner Seite, um dir Mut und Kraft zu spenden. Wir umhüllen dich mit unserer Liebe. Wir wissen um deine Nöte. Wir wissen aber auch, dass alle Herausforderungen deines Lebens ein Teil deines Karmas sind, die dir helfen, Meister deines Selbst zu werden.

Im richtigen Moment wird deine innere Sonne der göttlichen Weisheit aufsteigen und in ihrem Licht wirst du verstehen.

Und so sagen wir Engel dir: Finde Frieden in dir. Dieser innere Frieden ist ein sich Loslösen von all den irdischen Dramen und ein sich Hingeben in die bedingungslose göttliche Liebe. Das ist der Weg zur Erlösung.

Wenn du dein niederes Selbst überwindest und auch die materiellen Ansprüche, die dich noch binden, überwunden hast, kannst du wahre göttliche Liebe und Sanftmut in dir verwirklichen, und Vergebung wird Teil deiner wahren Existenz. Dann wird dir das Geschenk deiner eigenen Göttlichkeit zu eigen sein, und sie trägt die Kraft in sich, wahre Heilung zu bringen.

Ein Schlüssel zur Heilung deines Schicksals und auch deines Körpers ist die Dankbarkeit. Wenn dein Herz dankbar schlägt für alle Lektionen und auch für die Herausforderungen in deinem Leben, erhellt ein strahlendes Licht dein Herz. Mehr noch: Es erhellt dein ganzes Leben.

Das Leben ist ein großes Wunder und sollte in Freude für die Erfahrungen, die du erleben darfst und durch die du dich erkennen kannst, und in Dankbarkeit gelebt werden.

So kannst du dich über alle Widerstände der irdischen Welt erheben und sie mit Liebe, Vergebung und Frieden erfüllen. Bleibe deshalb immer ruhig, dankbar und friedvoll, und suche den Ort der Liebe und Kraft in dir auf. Dann werden alle deine Emotionen friedvoll und du kannst dich in deinem inneren Heiligtum deines Herzens mit Gott in dir verbinden. Hier findest du die stille, ewig leuchtende Flamme.

Indem du dich mit dem weißen Licht deiner Göttlichkeit verbindest, fühlst du die Erhabenheit deiner Seele in dir. In diesem Licht erkennst du, dass du Schöpfer und auch Meister über alle deine Lebensumstände bist.

Du erfährst, dass dir nichts wirklich geschehen kann. Das ICH BIN wird zur Einheit mit Gott in dir.

Dann blickst du über das Karma, all die Verwirrung und die Dramen hinweg und wirst das Richtige tun und alle deine Bemühungen auf die beste, schönste, wahrhaftigste Art für dich und alle Wesen einsetzen.

Es ist wichtig, dass du deinem göttlichen Selbst in dir vertraust, aber auch den Aspekten des Göttlichen um dich herum.

Das Göttliche hat dich immer und ewig geliebt, gleichgültig welches Karma, welche Wirklichkeit du mit deinen Gedanken und Taten geschaffen hast.

Wir bitten dein menschliches Sein, durch das Tor deines Herzens zu schreiten und heimzugehen in dein göttliches Sein.

So ist unsere tiefe Bitte an dich in Bezug auf Krankheit: Umarme deine Krankheit. Umgib die Krankheit mit Liebe und Bewusstsein und lass dich durch sie zu tieferem Verständnis deiner selbst führen. Vertraue der Krankheit und erlaube dir durch die Botschaft deiner Krankheit, immer mehr heimzukommen in die Einheit mit deiner Göttlichkeit.

Gib dich hin und vertraue. Hingabe voller Vertrauen bedeutet nicht, passiv oder verbittert gegenüber der Krankheit zu sein, sondern mit ihr zusammenzuarbeiten und sie als Freund zu sehen.

Reagiere auf die Lektionen deines Lebens voller Vertrauen. Sei aufrecht und sei im gegenwärtigen Augenblick verwurzelt. Lass zu, dass dein Leben sich in göttlicher Ordnung vor dir und durch dich entfaltet. Bestehe nicht darauf, dass deine Ansprüche und Konzepte sich auf eine bestimmte Weise erfüllen. Damit würdest du nur unnötigen Widerstand leisten.

Dein Leben ist Bewegung, wie ein göttlicher Tanz: Freu dich einfach über diese höchste Gnade, am Leben zu sein.

Erlaube dir, am Tanz des Lebens teilzunehmen, um zu wachsen und zu lernen. Öffne dich dem Leben, berühre und lass dich im Herzen berühren.

So kann das Wunder der Heilung geschehen. Nicht aufgrund irgendwelcher äußerer Aktivitäten, sondern weil die Schwingung der reinen Liebe sich in dir ausdehnt.

Das Wunder Heilung wird jenem Herzen zuteil, welches sich öffnet und sein Streben nach Kontrolle aufgegeben hat.

Wir umarmen dich jetzt mit all unserer Liebe und bitten dich, die Anwesenheit von uns Engeln hier und jetzt zu fühlen. Fühle die Liebe, die dir immer zur Verfügung steht, egal ob du krank bist oder gesund. Da ist so viel Liebe um dich, die du immer fühlen kannst, sobald du deine Widerstände hinter dir lässt.

Lass los und vertraue. Liebe ist gegenwärtig, hier und jetzt, für dich.

Unsere Schwingungen der Liebe und des Lichts verbinden sich dann mit deinem ganzen Sein und strahlen Liebe und Licht in alle deine Gedanken, Gefühle und in deinen irdischen Körper.

Wir Engel lieben dich.

Das Wunder der Natur

Schon immer fühlte ich mich zutiefst mit Mutter Erde und der Natur, den Pflanzen und Tieren verbunden. In den Monaten, die ich im Krankenhaus verbrachte, fehlten mir das Grün und das Licht der Natur so sehr, fehlte mir die Gegenwart von Mutter Erde unter meinen Füßen und um mich herum. Ich bat die Engel, mich emporzuheben über die Schwere meines irdischen Körpers und mich feinstofflich mit dem Naturreich zu verbinden.

In vielen Astralreisen führten mich die Engel an Orte von unbeschreiblicher Schönheit und göttlicher, heilender Natur, wo ich wieder Kraft schöpfen durfte.

Als ich dann im Frühling 2014 nach langer Zeit endlich wieder zu Hause war, sah ich die Natur, die gerade, so wie ich, aus der Zeit der Stille erwachte, mit vollkommen neuen Augen.

Ein Licht erstrahlte in jedem Blümchen, jeder Sonnenstrahl erhellte und wärmte meinen Körper. Mir wurde bis in jede Zelle meines Seins bewusst, dass hinter dem Ausdruck solcher Schönheit eine göttliche Kraft liegt, die alles erschuf.

Denn nicht nur die Schönheit der Natur, der Farben und Formen, sondern auch die unsichtbaren Schwingungen, die sich hinter der physischen Form der Natur verbergen, schenken der Seele Harmonie und dem Körper Heilung.

Ich durfte viele Botschaften der Engel in dieser Zeit empfangen, die ich hier wiederzugeben versuche.

Die Botschaft der Engel

Liebes Herz, wir Engel wünschen uns so sehr, dass du dich wieder mit den Schwingungen deines Heimatplaneten Erde verbindest. Heilende Wunder werden geschehen, wenn du all dein Bewusstsein wieder an die Energiequelle der Natur anschließt. Denn die Menschheit ist eine allumfassende Gemeinschaft des Lebens und du bist ein Kind der ganzen Schöpfung. So ist die Natur ein Teil von dir und du bist Teil der Natur.

Lass dich in Entzücken versetzen von den Farben und den Formen, die du siehst. Und lausche der Melodie der Natur, die du überall um dich zu hören vermagst, tauche ein in die heilende Kraft neuen Lebens. Wenn du dich öffnest, wirst du aufgenommen in den Zyklus der Jahreszeiten und du wirst einen neuen Frühling erleben.

Die meisten Menschen jedoch sehen nur die körperlich-materielle Manifestation des Lebens und ahnen nichts von dem göttlichen Bewusstsein hinter der Form, deren Schönheit und Licht so tiefen Segen und Freude schenken kann. In jedem Moment findet im gesamten Universum ein Prozess der göttlichen Harmonie und des Wachstums statt.

Öffne die Augen deines Herzens und erkenne voller Dankbarkeit, dass hinter aller körperlichen Form das göttliche, unsichtbare, feinstoffliche Leben schwingt.

Im Herzen eines jeden Menschen existiert ein Heimweh nach der göttlichen Realität, nach der Wirklichkeit, wo Harmonie, Sanftmütigkeit und Freude lebt. In deinem Herzen erinnerst du dich an diese Wirklichkeit, diese Vibration. Wenn du in der freien Natur bist, kann diese Erinnerung in deiner Seele lebendig werden. Dort findest du die Schönheit, die Balance und die Verbundenheit wieder, die du in deinem Herzen mit dir trägst und wonach du so sehr verlangst.

Die Natur kann dich nach Hause bringen. Die Stille, der Rhythmus, die Ruhe, die du hier erfahren kannst, spiegeln wider, wer du wahrhaftig bist. In der Natur kannst du erleben, dass du wieder ins Gleichgewicht kommst.

Alle Bäume, Pflanzen und Blumen, die auf Mutter Erde leben, wurzeln energetisch im Fluss der Einheit, der alles Leben trägt. Das Naturreich steht Gott, der Quelle, sehr nahe. Das Bewusstsein in Pflanzen und Bäumen ist nicht so individualisiert, wie es bei euch Menschen und im gewissen Maße auch bei Tieren der Fall ist. Durch das Pflanzenreich strömen universelle Energien, die sehr tief mit dem Engelreich verbunden sind.

Bäume und Pflanzen haben nicht so etwas wie ein Ego: ein individuelles »Ich«, das aktiv handelnd in der Welt steht. Das Bewusstsein des Pflanzenreiches hat eine ununterbrochene Verbindung mit dem Ganzen. Bäume und Pflanzen sind direkte Manifestationen aus dem Reich der Engel.

So wie die Dimension der Engel ist das Naturreich voller schwingender Kraftfelder, die Einheit und Liebe ausstrahlen. Während sich die göttliche Energie in Menschen als individuelle Seele manifestiert, erhält sie im Naturreich die Form eines überpersönlichen Kraftfelds.

Es gibt verschiedene Kraftfelder, die alle eine spezifische Qualität ausstrahlen, so wie Heilung, Liebe, Mut und Freude. Mit dem Pflanzenreich hat die Energie des Göttlichen auf der Erde eine materielle Form bekommen.

Die auf Einheit und Harmonie gerichteten Kräfte von uns Engel sind in der lebendigen Natur besonders wirksam. Das merkst du fast von selbst, wenn du in der Natur bist. In der Umarmung von Mutter Erde wirst du friedvoll und Heilung geschieht. Dadurch, dass du dich der Natur öffnest, empfängst du die heilende Kraft des Engelreiches.

Wir Engel dienen in Liebe der göttlichen Mutter und stehen in engem Kontakt zur Natur. Unermüdlich sorgen die Engel der Natur, die Devas, für Mutter Erde und ihre Kinder. Sie überwachen die Kräfte der Elemente und wirken mit ihnen.

Stell dir das so vor, dass du als Engel deine göttlichen, reinen, lichten Gedankenformen wie einen Keim auf das Bewusstsein der Pflanzen auf der Erde überträgst, wodurch viele neue Formen entstehen: neue Pflanzensorten, eine Verfeinerung bereits bestehender Sorten, schöne Blumen.

Stell dir vor, wie das Bild einer prächtigen Blume spontan in dir hochkommt und wie du dieses Bild liebevoll an eine Pflanze weiterreichst, von der du gefühlt hast, dass sie hierfür empfänglich wäre.

Von deinem ätherischen Körper aus floss deine Vorstellungskraft in die Natur, Pflanzen und Gesteine. Diese nahmen sie in sich auf und der ätherische Keim kam allmählich in der physischen Form zur Manifestation. Auf diese Art und Weise helfen die Engel der Erde, dem Pflanzenreich, sich zu entwickeln. Und so ist die Natur und ihre Pflanzenwelt eine direkte Verkörperung der Devas, der Engel der Natur. Betrachte die Pflanzenwelt als eine göttliche Manifestation von der reinen Energie des Lichts.

Da ist noch mehr. Wenn du dich auf diese Engels-Schwingung inmitten der Natur einstimmst, wirst du dir dessen gewahr, dass du mit dieser Schwingung im Kern eins bist. Die Devas und ihre Verkörperung, die Pflanzen, sind reines Bewusstsein, das fortwährend Liebe aussendet.

Sie leben im inneren Wissen, ein Aspekt des Göttlichen zu sein, und leben in der Einheit. Und so helfen sie auch dir bei deiner Entwicklung zurück zur Ganzheit. Sie wissen um deine Gedanken und Gefühle und vermitteln dir Trost, Liebe und Mitgefühl, wann immer du es bedarfst.

Die Devas lieben Licht, und so nehmen sie auch von dir dankbar deine Lichtgedanken auf, um sie an die Natur weiterzureichen.

Daher bitten wir Engel dich, deinen inneren Blick zu öffnen, um die Engel, die Devas, am Werk zu sehen und das großartige Wunder der göttlichen Liebe zu erkennen, das sich überall in der Natur offenbart.

Wir Engel bitten dich als Hüter des Lebens, und das seid ihr Menschen, deine Aufgabe zu erfüllen: Die Natur zu lieben und dir des Lebens hinter der Form besser bewusst zu werden. Alles, was dich umgibt, ist eine lebendige Ausdrucksform Gottes.

Das Wassermannzeitalter wird den Menschen das Engel- und das Naturreich immer näher bringen.

Fühle in deinem Herzen die Liebe für das Leben auf der Erde. Fühle, wie tief dein Band mit Mutter Erde ist. Auch du bist Mitschöpfer des Lebens.

Eine wichtige göttliche Energie, die du in dir trägst, ist Liebe. Das Kraftfeld, das du in der Natur erfahren und durch deine Liebe verstärken kannst, hilft, das friedvolle Zusammenleben verschiedener Lebensformen zu ermöglichen.

Begib dich in die Natur, finde deine innere Mitte und strahle Harmonie und Liebe in alles, was du bist und was dich umgibt. Werde zur Verbindung von Menschen und Natur. Mache im Energiefeld der Liebe die Einheit sichtbar, die über alle Verschiedenheiten hinweg besteht.

Sobald die Menschen erkennen, was sie untereinander mit anderen Menschen und mit allem, was auf der Erde lebt, verbindet, wird Harmonie und friedliches Zusammenleben möglich.

Du wirst immer mehr Verbindung mit den Naturwesen und den Engeln der Natur aufnehmen. Du kannst dir selbst und Mutter Erde helfen, indem du beim Anblick jeder Pflanze hinter ihre physische Form siehst und das Wirken des Göttlichen mit den Augen deines Herzens erkennst.

Wenn die Menschheit sich wieder den Geheimnissen der Natur öffnet, wird sie nicht mehr damit fortfahren, sie beherrschen zu wollen, sondern im Einklang mit den Engeln auf Mutter Erde leben. Das ist der Traum der Engel und das ist auch die Vision deiner göttlichen Seele.

In aller Einfachheit berühre die regengetränkte Erde und erhebe dein Herz zu den Bergen und Hügeln, dem ewigen Himmel und sehe die Schönheit der Natur. Damit erweckst du deine wahre natürliche harmonische Schönheit in dir.

Fühle wieder, wer du bist. Erkenne deine eigene Vollkommenheit, Anmut und Göttlichkeit. Sie wartet nur darauf zu erblühen wie ein Samenkorn, das von der Wärme des Lichts geweckt wird. Du brauchst dich daran nicht buchstäblich zu erinnern, von deinem menschlichen Gedächtnis aus, aber fühle die Wahrheit in deinem Sein.

Die Sanftheit, Schönheit und Harmonie, die du in der Natur erfährst, ist die Energie von deinem Zuhause, die Energie deines Ursprungs, die Energie deiner Seele. Darum berührt es dich so, wenn du siehst, dass der Natur durch die Menschen Gewalt angetan wird. Darum erfüllt es dich so, in der Natur zu sein, bei den Pflanzen, den Tieren, an der frischen Luft, im Wald oder im Ozean.

Vielleicht siehst du Steine und Felsen, und dein Verstand vermittelt dir, dass das eben nur Steine sind. Wenn du hingegen mit deinem geistigen Auge durch ihre äußere Form hindurchblickst und dein Herz ihrem wahren Wesen öffnest, dann leuchten die Steine plötzlich wie kostbare Juwelen, und du erkennst das pulsierende Leben in der Form.

Erinnere dich: Als Kind hattet du diese Gabe, da war jeder Kieselstein ein Wunder, kostbar und liebenswert. Stundenlang konntest du seine Einzigartigkeit betrachten und dich daran erfreuen.

Du erkennst noch nicht, welche Welt der Schönheit in der Welt der Materie wohnt … Aber in dieser neuen Zeit wirst du die Schleier der Getrenntheit auch zwischen dir und der Natur lüften.

Beginne und lausche der Stimme der Erde. Fühle, wie die große Mutter hier ist, in dir und unter deinen Füßen. Die große Mutter ist in deinem Körper, sie fließt durch alle deine Zellen. Es ist auf deinem Erdenweg gerade dein Körper, durch den du mit der Natur verbunden bist, mit allem, was um dich herum wächst, lebt und atmet.

Es gibt eine falsche Vorstellung in den Köpfen der Menschen, dass alle Inspiration von oben kommt, dass tiefes spirituelles Verstehen aus einer Verbindung mit dem Himmlischen, dem Kosmischen, das über dir liegt, geboren wird. Aber heute bitten wir Engel dich, dem Beachtung zu schenken, was unter dir liegt, dem Boden unter deinen Füßen, der lebendigen Mutter Erde.

Werde dir der Anwesenheit der lebendigen Natur um dich herum bewusst. Fühle die Bäume, fühle die Pflanzen, die Vögel und die Blumen. Wenn du dich öffnest, kannst du beobachten, wie deine Anwesenheit diese lebenden Wesen ebenfalls berührt. Nicht nur du fühlst sie, sie fühlen auch dich.

Nimm das göttliche Licht in den Wurzeln der Bäume wahr, in ihrem Stamm, den Zweigen und Blättern, und sieh, wie es emporsteigt und die Natur erfüllt.

Verbinde dich in dieser wichtigen Zeit immer wieder mit einem Baum, einem stabilen, ausladenden und gut verwurzelten Baum. Seine Krone berührt den Himmel, während sich seine Wurzeln tief in der Erde ausbreiten.

Triff dich für einen Moment mit dem Wesen dieses Baumes, mit einem leichten und spielerischen Gefühl. Stell dir einfach vor, wie du im Inneren dieses Baumes sitzt, fühle mit deiner Wahrnehmung seine stille, sichere und geerdete Kraft. Verbinde dich mit seinen Wurzeln und fühle, wie dieses Wesen lebt, wächst und seine Energie auf der Erde ausstrahlt.

Fühle, was der Baum dir zu geben hat, welcher Aspekt seiner Energie dich am meisten anzieht. Lass diese Energie durch dich hindurchfließen und nimm sie an.

Nimm auch wahr, was der Baum von dir empfangen möchte, denn in allem ist ein Austausch. Er spürt deine Anwesenheit, genauso wie du seine spürst. Der Baum ist ebenfalls eine lebendige Energie und ist sich deiner bewusst.

Der Baum ist ein wundervolles Symbol für das Leben an sich. Den Strömungen des Lebens ausgesetzt, lehrt dich der Baum, in deiner Mitte zu bleiben, aber auch nachgiebig und flexibel zu sein.

Wurzel, Stamm und Krone stehen bei dem Baum in einem Zusammenhang, der nur als Einheit lebensfähig ist. Alle drei brauchen einander: Die Wurzel das Sonnenlicht aus dem Fächer der Krone, die Krone die Energien aus der Tiefe des Wurzelstocks. Der Stamm verbindet beide.

Auch die Menschen brauchen Wurzeln, um die Krone weit ins Licht zu öffnen, und deine Wirbelsäule ist dein kraftvoller Stamm, der Himmel und Erde verbindet, sie in dir vereint. Deshalb liebst du es so sehr, unter Bäumen zu sitzen. Wie Mutter Erde umhüllen die Bäume die Menschen mit ihrem Licht und ihrer Liebe.

In der Stille des Waldes kannst du ein Gefühl der Liebe und des Friedens empfinden. Die Wälder sind Heiligtümer der Natur, eine Kathedrale der Natur.

Ruh dich immer wieder unter Bäumen oder inmitten der Wälder aus. Nimm das Sonnenlicht wahr, welches sanft auf die im Winde tanzenden Blätter fällt.

Dann wirst du die lichte Gegenwart der Geistwesen der Sonne, der Luft und der Erde bemerken. Und du wirst in deiner Meditation die Verbundenheit allen Lebens erfahren, der Melodie der Vögel lauschen wie der schönsten Symphonie und die Heilkraft der Natur aufnehmen als unendlichen Segen.

Wir Engel sagen dir noch einmal, dass du durch deine tiefe Beziehung zur Natur immer mehr lernen wirst, die Engel und die Lichtwesen besser wahrzunehmen und mit ihnen zusammenzuarbeiten.

Vielleicht hast du bisher nur erahnt, welche wichtige Rolle die Natur im Plan des Lebens spielt. Nun beginne dich wieder daran zu erinnern. Durch diese Rückverbindung wirst du auch deinen physischen Körper zurück in das Gleichgewicht und die Harmonie bringen.

Viele der heutigen Krankheiten wie Nervenanspannungen, Burn-out, auch Herzkrankheiten sind auf die große Distanz zwischen den Menschen und der Natur, dem Leben an sich, zurückzuführen.

Es ist nur allzu menschlich, einen schützenden Panzer aufzubauen, wann immer du dich ernstlich verletzt gefühlt hast. Und doch hält dich dieser Panzer vom wahren Leben fern. Er beraubt dich deiner tiefsten Stärke. Er lässt dich erblinden für die dich umgebende Schönheit des Lebens.

So kannst du auf Dauer nicht leben, denn dieser Panzer beschränkt dich, als würdest du in einem Gefängnis sein. Und früher und später erkrankt dein Körper, wie eine Pflanze, die keine Nahrung und kein Licht mehr bekommt, zu welken beginnt.

Aber der Fluss des Lebens, die Kraft der Seele ist immer stärker als die Gefängnisse, die ihr Menschen in euch aufgebaut habt.

Und wenn du dein Bewusstsein wieder erweiterst und deine Schwingungen feiner werden, wird die Natur sogleich zu dir sprechen und dir eine ganz besondere Form der Heilung anbieten: Jede Blume trägt in sich eine einzigartige göttliche Schwingung und steht in Beziehung mit Aspekten deines Organismus.

Früher haben die Heiler und die weisen Frauen darum gewusst und verwendeten Blumen und auch Kräuter als Heilmittel. Aber nicht nur die äußere Form wurde verwendet, sondern auch ihre Farbe und ihre Schwingungsessenz.

Eine vollständig entwickelte Pflanzenseele ist in ihrer Resonanz vollkommen in Harmonie und rein.

Um Heilung geschehen zu lassen, nimm wieder die strahlende Kraft des Pflanzenreiches auf! Die Engel und die Devas sind gemeinsam mit dem Pflanzenreich auf so vielen Ebenen tätig, um Heilung zu schenken. Wir möchten dir das gern offenbaren und so lausche unseren Worten mit deinem Herzen.

Wir sagen dir, dass die göttliche Schönheit der Farben in der Natur auf deine Energiezentren einwirkt und in dir höhere Schwingung erzeugt, sodass alle Blockaden erlöst werden.

Die Farbenvielfalt ist nicht zufällig entstanden: Wisse, dass die Farben der Wiesen, Blätter und Pflanzen eine grundlegende Energie für deine Chakren sind und dich mit der Erde und reiner Lebenskraft verbinden.

Deshalb ist jeder neue Atemzug, empfangen in der freien wilden Natur, ein Quell der Heilung für dich und deinen Körper.

Auch jede einzelne Blume ist wie eine kleine strahlende Sonne und sendet dir und der gesamten Schöpfung Energie und Lebenssubstanz.

Wenn du sehen könntest, wie strahlend die Blumen und Pflanzen in unbeschreiblicher Schönheit leuchten, wäre dein Herz jeden Augenblick in der Natur mit tiefer Freude erfüllt.

Auch die Düfte, die du aus dem Pflanzenreich empfängst, sind reine Schwingung hoher Energien, die so viel zu heilen vermögen.

Leider ist vielen Menschen dieses Wissen verloren gegangen. Deshalb ist es in dieser besonderen Zeit so wichtig, dass du und deine Brüder und Schwestern sich wieder erinnern.

Es ist für deine Heilung im Körper und auch in der Psyche von großer Bedeutung, dich, wann immer es dir möglich ist, in der Natur aufzuhalten.

Öffne dich dann mit all deinen Sinnen den einzigartigen Ausdrucksformen der Düfte und den Farben der Pflanzen. Und bitte die Engel und die Devas um Unterstützung.

Wir werden gemeinsam mit dir in deinen Körpern die Energietore öffnen. Und so wirst du die Energie der Farben und Düfte des Pflanzenreiches für deine Heilung und Harmonisierung aufnehmen können.

Diese Schwingungen wirken wie göttliche Medizin auf deinen Körper, gleichen ihn aus und heilen ihn. So viel Heilung ist möglich, wenn du dich wieder dem Pflanzenreich, dich wieder Mutter Erde öffnest.

Es ist ein Schauspiel von solch vollkommener Schönheit, wenn die Energie des Pflanzenreichs sich mit deinem Energiefeld vereint. Tiefe, sanfte Transformation findet statt, und jede Zelle deines Körpers beginnt zu schwingen. Wenn du dann nach innen gehst, wirst du Klänge hören, Musik und kosmische Harmonien.

Und du wirst weiter gelangen, hinter die physischen Klänge, und vermagst die tiefe Harmonie in deinem ganzen Wesen zu erkennen. Diese Schwingungen durchströmen dann deinen Körper wie eine Symphonie der Heilung.

Jedes Wesen trägt diesen Klang des Heilseins in sich. Doch viele Menschen sind taub geworden und erkennen nicht, wie negatives Handeln und Denken, aber auch das Getrenntsein von der Natur, die innere Melodie verstimmt.

Leider beginnt der Mensch erst innezuhalten, wenn die innere Disharmonie zu körperlichen Schmerzen und Krankheit wird. Doch wenn du wieder deine innere und die äußere Natur in Einklang bringst, kannst du frühzeitig jede Verstimmung erkennen und diese mithilfe der Engel und der Liebeskraft beheben.

Dann hüllen die Liebe und die Farben und Düfte des Pflanzenreichs und des Göttlichen dich ein und Wunder können geschehen.

Wenn du diese unsere Worte verstehen lernst, erkennst du, dass deine Heilung untrennbar mit der Heilung der Erde und vor allem deiner inneren Natur verbunden ist.

Du bist niemals getrennt. Du bist immer vollkommen mit deiner Göttlichkeit verbunden. Denn du findest ES in allem, was dich umgibt. Stofflich oder feinstofflich. Du findest ES im ganzen Universum.

Dieser Geist ist Liebe. Es gibt nur die Liebe. Nicht nur emotional, sondern alles umfassend. Darin haben auch wir Engel, darin hat jedes Wesen seinen Ursprung.

Die Menschheit bewegt sich auf eine neue Ära zu. In diesem neuen Zeitalter ist es für die Menschen und die Natur essenziell, wieder von einer inneren Herzensverbindung aus zusammenzuarbeiten. Alles ist Bewusstsein und möchte miteinander wirken. So ist es von Anfang an bestimmt gewesen. Jedes Wesen fühlt tief im Herzen, dass es ein Teil vom Ganzen ist. Und der Wunsch von uns Engel ist es, dass auch ihr Menschen euch als Teil vom Ganzen hier auf der Erde erkennt.

Dass ihr euer zu Hause nicht nur als Wesen kosmischen Ursprungs empfindet, sondern auch im Zusammensein mit den lebendigen Mitgeschöpfen um euch herum erlebt.

Feiere das Leben mit allem, was hier ist. Das ist die große Aufgabe, die heute vor der Menschheit liegt.

Wenn du dich der Energie von Mutter Erde und ihrem Pflanzenreich öffnest, wirst du wieder zu einem Kind der Natur.

Du wirst entdecken, dass du immer mit dem Geist der Erde, dieser Essenz des Lebens, gelebt hast, im Innen und im Außen. Es wird sein, als ob jemand ein Licht hinter all den wohlbekannten Dingen leuchten lässt – hinter dem Gras, den Bäumen, dem Himmel.

Ein grauer Schleier, von dem du vielleicht nicht einmal wusstest, dass er existiert, wird plötzlich verschwunden sein. Und du wirst all die geistigen Naturwesen voller Freude wahrnehmen können.

Siehe wieder das Wunder, das du bist, und des Körpers, der dich trägt – du bist vollkommen! Du bist ein Kind der Erde *und* ein Kind des Himmels und eine Brücke zwischen den beiden.

Fühle wieder große Liebe und Respekt vor der strahlenden Seele, die du bist.

Aus diesem Vertrauen heraus blicke in das Herz deines Nächsten, um dich mit seiner oder ihrer Schönheit zu verbinden, indem du tiefer als nur auf das Äußere siehst.

Spüre den Herzschlag der Menschen und aller Wesen um dich herum, verbinde dich auf diese Weise mit der Schöpfung. Durch die Menschheit wird eine neue Erde geboren und du bist ein wichtiger Teil dieses Schöpfungsaktes.

Öffne deine Sinne und öffne dein Herz für die Wunder und die Freuden des Lebens. Es wird deinen Geist mit tiefer Dankbarkeit und Güte erfüllen und deinem Wesen Heilung schenken.

Die Chakren – Tore des Göttlichen

In meiner Zeit der Heilung durfte ich sehr oft erfahren, wie die geistige Welt sowohl im Wachbewusstsein als auch in den nächtlichen Tiefschlafphasen das göttliche Licht in jene Bereiche meines Körpers strömen ließ, die Heilung benötigten.

Das geschah meistens, wenn ich mich vor dem Schlafengehen oder in der Meditation voller Hingabe, Liebe und Vertrauen den Engeln öffnete. Dann erlebte ich, wie Schwingungsfelder in meinem Körper aktiviert wurden und wie Harmonisierung von den feinstofflichen Bereichen bis zu meinen Körperbereichen langsam hergestellt wurde. Wenn wir durch Gedanken der Liebe unser Bewusstsein ausdehnen, verändert sich wie schon beschrieben unsere Schwingung und sie wird feiner. Und ich sah, wie meine Energiezentren (Chakren) sich sanft öffneten.

Ich fühlte die tiefe Verbindung zu Gott durch diese feinstofflichen Zentren. Es war wundervoll anzusehen, als sich die Wirbel in der Mitte all meiner sieben Chakren wie wunderschöne Blumen öffneten, um dann zu einem einzigen Lichtfeld zu verschmelzen. Ich tauchte ein in dieses Licht, wurde Licht und erwachte immer nach einiger Zeit tief erfüllt und geheilt.

Ich bat meine Engel, mir noch mehr Wissen über meine Chakren zuteilwerden zu lassen, und dies ist die Botschaft, die ich von den Engeln empfing.

Die Botschaft der Engel

Wir Engel möchten dir heute ein uraltes Wissen über die Chakren, die feinstofflichen Energiezentren der Menschen, übermitteln. Euer Verständnis der Chakren hat sich auch in der weltlichen Kultur in den letzten Jahren vertieft.

Es wird der Menschheit immer mehr bewusst, wie diese Zentren nicht nur dem Körper, sondern auch deiner Seele Heilung und Erleuchtung zu schenken vermögen. Die Energiepforten spiegeln in dir die göttliche Schönheit wider und wirken wie eine lebendige Präsenz in dir.

Stell dir die Chakren als blütenähnliche Energiewirbel vor, die in vollkommener Harmonie in den schönsten Farben leuchten. In der Mitte tragen diese Blumen der Energie eine Vertiefung, wie eine Pforte, in der die von außen empfangene Energie einströmt. Von dieser Pforte zieht sich ein zarter Energiekanal, ähnlich dem Stiel einer Blume, direkt in das Innere deiner Wirbelsäule.

Feinstofflich betrachtet sehen wir Engel deine Wirbelsäule wie einen Baumstamm, dem die Blüten wie zarte Äste entspringen. Damit du dir dies vorstellen kannst, bitten wir dich, dein Bewusstsein auszudehnen, damit wir dir diese Wahrheit in Form von Bildern übermitteln können.

Diese Blüten aus Energie, die Chakren, liegen an der Oberfläche des Ätherkörpers, der deinen physischen Körper durchdringt und diesen wie einen schützenden Mantel aus Licht umgibt.

Über die Pforten der Chakren strömen die Energien aus der Schöpfung in deinen feinstofflichen Körper und den physischen Körper hinein und versorgen dich mit reiner göttlicher Lebensenergie.

Wie atmende Blumen nehmen sie Energien aus der dich umgebenden Natur, aus dem Universum und auch aus anderen Dimensionen auf.

In den Chakren werden dann alle diese Energieformen umgewandelt und in deinen Körper geleitet. Kannst du das Wunder dahinter erkennen? Du selbst bist dieses Wunder und dein Körper ein Geschenk der Vollkommenheit!

Wie du schon weißt, besitzt jedes Chakra eine bestimmte Bedeutung für deinen Körper, deinen Geist und deine Seele. Und da jedes Chakra verschiedenartige kosmische Energie aufnimmt, unterscheidet sich die energetische Struktur dieser Zentren voneinander. Die Energiezentren sind wie sieben Lebensebenen oder Schwingungsstufen deines Bewusstseins. Denn auch deine Seeleneigenschaften manifestieren sich in und durch die Chakren.

Ein Teil der einströmenden Lebensenergie, die von den Chakren in den Ätherkörper fließt, verbindet diesen mit deinem physischen Körper. Der Ätherkörper ist jener Aspekt in dir, der wie eine Brücke zwischen dem Geistigen und dem Materiellen fungiert. So kann man vereinfacht sagen, dass deine Chakren wie Empfangsstationen für die Kraft des Lebens wirken.

Die über deine Energiezentren aufgenommene Energie fließt über die Blütenstiele in dein Rückenmark und deine Organe, aber auch in dein Gehirn, wo die Energie zu Gedanken, zu seelischen und körperlichen Empfindungen umgewandelt wird.

Sei dir bewusst, dass du es der Funktion deiner feinstofflichen Zentren verdankst, denken zu können. Und die
Schwingungszahl und ihre unterschiedlichen Frequenzen
durchströmen dein Denken und Empfinden. Die Höhe der
Schwingungszahl ist nichts anderes als der Grad deiner Be-
wusstseinsentwicklung. Diese bestimmt jene Qualität der
Energie, die von den Chakren empfangen und verarbeitet
werden kann. Deshalb ist es so wichtig für dich, dein Bewusstsein auf das Höchste auszurichten.

Du kannst dich als Mensch deshalb weiterentwickeln,
weil du durch die feinstofflichen Organe mit dem göttlichen Strom des Lebens verbunden bist. Und je höher du
schwingst – und die allerhöchste Schwingung ist immer die
Liebe – desto höher ist auch die Energiequalität, die du
über die Chakren aufnehmen kannst.

Deine menschliche Dreifaltigkeit von Geist, Körper und
Seele drückt sich durch die Gesamtheit deiner sieben Ener-
giezentren aus: Der Geist im Kronenchakra und dem
Stirnchakra, die Seele im Kehlkopf und im Herzchakra so-
wie auch im Solarplexuschakra und der Körper als Basis im
Sakralchakra und im Wurzelzentrum.

Die beiden obersten Zentren stehen in tiefer Verbindung mit deiner Zirbeldrüse und der Hypophyse. Durch
diese beiden wichtigen Drüsen wird dein Seelenbewusstsein aufrechterhalten.

Deine oberen Chakren bestimmen deine geistige Hal-
tung und die Entwicklung, die Reinheit deiner Gedanken
und das Bewusstsein der bedingungslosen, allumfassenden
Liebe.

Die drei mittleren Zentren beeinflussen deine Persönlichkeit und die seelische Stabilität.

Die untersten beiden Zentren sind für deine Köperkräfte und deine Verbindung zum Leben mitverantwortlich.

Lass dir einen Augenblick Zeit, diese unsere Worte wieder zu fühlen und zu integrieren.

Nun möchten wir genauer auf die einzelnen Energiezentren eingehen: Das Wurzelchakra ist die Verbindung mit dem physischen Körper, der physischen Welt, den Energien der Erde und deiner Beziehung zur materiellen Ebene des Lebens. Es liegt am unteren Ende deiner Wirbelsäule und sein blütenähnliches Energietor ist Mutter Erde zugewandt.

Das Wurzelchakra ist der Gegenpol zum Kronenchakra, das sich nach oben zum Himmel öffnet. Die anderen fünf Energiezentren sind nach vorne geöffnet.

Von deinem Wurzelchakra aus werden die Energieströme von Mutter Erde empfangen, umgewandelt und in deinen Körpern verteilt. Natürlich nimmt dieses Zentrum auch Energien des Kosmos auf.

Himmel und Erde vereinen sich in diesem Zentrum und fließen als pulsierende Lebenssubstanz in deinen physischen und feinstofflichen Körper. Der Funktion dieses Chakras verdankst du deine tiefe Verbindung mit Mutter Erde und der Natur und deine Lebenskraft. Daher ist ein wichtiger Aspekt des Wurzelchakras die Sicherheit und Stabilität.

Weil es das erste und unterste Chakra ist, schafft es die Grundlage und Basis für dein Dasein und deine Entwicklung als Seele in einem Körper. Es ist die Brücke zur körperlichen Welt, das Einlassen der Seele auf die Erfahrung des Inkarniert-Seins.

Dann folgt das Sakralchakra oder bei dir auch Milzchakra genannt, es liegt unterhalb des Nabels. Hier drückt sich die Sehnsucht deiner Seele aus, mit dem Leben auf freudige Weise zu interagieren und teilzunehmen am kreativen Spiel der Lebensenergie. Die reinsten Formen der Lebenskraft, der Lebensfreude und des emotionalen Selbstausdrucks gehören in die Erfahrungsebene des Sakralchakras.

Durch dein Sakralchakra lässt du deine Lebensenergie fließen und drückst dich aus, um das Leben zu erfahren und deine schöpferische göttliche Kraft zu leben.

Es ist auch der Sitz deiner Sexualität. Diese wichtige Lebensenergie wurde schon viel zu lange auf Erden unterdrückt, dabei ist die Sexualität ein göttlicher Aspekt des freudvollen, sinnlichen und kreativen Ausdrucks deiner Lebensenergie und deines Bedürfnisses, die Welt zu erfahren und zu berühren.

In spirituellen Menschen lebt oft ein Mangel an Liebe für den Körper in seiner natürlichen Ausdrucksfähigkeit. Das ist wirklich bedauernswert, denn es ist gerade der Ausdruck im Körperlichen, der von unserer Seite aus als die heiligste Reise, auf die sich eine Seele machen kann, angesehen wird. Deine Göttlichkeit so weit von Zuhause zu erfahren und zu leben, in der Realität von Materie und Form, ist eine heilige Aufgabe. Es ist ein göttlicher, kreativer Akt. Sexualität ist in ihrer tiefsten Bedeutung ein Tanz in der Materie, der sich gleichzeitig über die Materie erhebt.

In einem ausgewogenen sexuellen Selbstausdruck wächst du über die materielle Realität hinaus, ohne sie zu unterdrücken oder zu ignorieren, ohne deine drei tieferen Chakren zu verleugnen und nur durch die höheren Chakren das Göttliche zu suchen. Heilige Sexualität integriert alle Ebenen deines Seins. Sexualität verbindet also Materie und Geist.

Um dein Sakralchakra zu heilen und hoch schwingen zu lassen, werde wieder eins mit deinen authentischen Bedürfnissen von Körper und Seele und erlöse alle Scham oder Schuld. Daraus erwächst in dir tiefe Selbstliebe und Selbstakzeptanz und eine natürliche Hingabe an die Erfahrung als Mensch.

Diese innere Ausgeglichenheit wird sich natürlich auch in positiven Beziehungen zu anderen Menschen einschließlich der Liebesbeziehungen widerspiegeln.

Diesem Zentrum ist noch eine weitere sehr wichtige, aber weitgehend unbekannte Aufgabe zugedacht: Hier wird reine Sonnenenergie in Lebensfreude, Tatendrang und Körperwärme umgewandelt.

Es verhilft dir zu einem sonnigen Gemüt und verleiht Nervenkraft. Wie wichtig die Sonne für dich und die Menschheit ist, haben alle Kulturen schon immer erkannt.

Oberhalb des Nabels liegt das Solarplexuschakra. Es ist das Zentrum deiner Gefühle, auch deine Persönlichkeit hat hier ihren Sitz. Aus diesem Zentrum wächst die Kraft der Zufriedenheit und Liebe, aber auch Energien wie Angst oder Wut.

Diese Gefühle haben starke Wirkungen auf dein Schwingungsfeld: Liebe und Vertrauen lässt in und aus dem Nabelzentrum weiche, harmonische Schwingungen strömen, Wut hingegen verzerrte Wellen. Sei deshalb immer achtsam und bewusst mit deinen Gefühlen.

Zu viel negative Schwingung in diesem Zentrum wird zu tiefer Traurigkeit und Seelenschmerz, der sich auch in deinem physischen Körper verströmt. Auch wird dir durch die Negativität die Kraft fehlen, da das Nabelzentrum ebenfalls das Kraft- und Willenszentrum ist. Es ist der Sitz deines SELBST-Bewusstseins als göttliches Wesen deiner persönlichen Macht und Kraft.

Das hat vielfach in der Welt der Spiritualität den negativen Beigeschmack des »Egos« – zu Unrecht, denn man kann nichts erlösen, was man nicht zuvor voller Liebe angenommen hat.

Daher ist die Entwicklung einer klaren, kraftvollen Persönlichkeit ein wichtiger Schritt auf deinem spirituellen Weg. Denn es ist diese Persönlichkeit, die letztlich zum Gefäß für deine Seele wird, durch das sie sich in der Welt ausdrücken kann.

Meditation und Gebetsschwingungen helfen dir dabei, genauso wie wir Engel, den Harmonisierungsprozess deines Solarplexuschakras zu unterstützen und dein göttliches Wesen als dein wahres Selbst anzuerkennen.

Eine ganz besondere Stellung hat das Herzchakra. Es bildet das größte Energiezentrum in deinem Körper. Das bedeutet, wenn die geistige Kraft und die Liebe in dein Herzchakra fließen, strömen sie weiter in die anderen sechs Zentren, die dann im Licht der Liebe aufleuchten. Die Fähigkeit zur bedingungslosen Liebe ist abhängig von der Schwingung in diesem Zentrum.

Bedingungslose Liebe ist etwas ganz Natürliches, es entspricht deiner Natur, für dich selbst und andere Mitgefühl und Liebe ohne Bedingung zu empfinden. Wenn du tief verbunden aus deinem Herzen lebst, wird dein Herzchakra erfüllt sein und überfließen vor Liebe und Hingabe. Dann machst du die Erfahrung, dass die göttliche Liebe unbegrenzt zur Verfügung steht.

Das Herzchakra ist wie eine Quelle der Vergebung, des Friedens, der Liebe und Wärme in deinem Körper.

Auch deine Barmherzigkeit und das Mitgefühl haben im Herzen ihren Ursprung. Hier ist die reine, universelle Liebe deiner Seele zu Hause, die alle Menschen und Ereignisse mit nicht wertender Akzeptanz annehmen kann. Im Licht dieser Liebe fühlst du deine innerste Wahrheit und lernst so, zu unterscheiden, ohne dabei zu verurteilen. Wir Engel sind immer an deiner Seite, um dieses wichtige Zentrum zu heilen, zu öffnen und in der Schwingung zu erheben.

Die letztliche Heilung des Herzchakras liegt aber tief in dir: in der Erkenntnis der wahren Natur der Liebe. Sie ist der Urgrund deines eigenen Wesens, ewig, allgegenwärtig, unerschöpflich und bedingungslos.

Liebe ist nicht etwas, was du erhältst, sondern etwas, das sich in dir und durch dein Herz offenbart.

Das Hals- oder Kehlkopfchakra ist bei vielen Menschen in der heutigen Zeit blockiert. In früheren Leben wurde die Wahrheit durch Dunkelheit und auch Gewalt unterdrückt, und so haben viele inkarnierte Seelen heute noch Angst, die Wahrheit des Herzens auszudrücken und zu leben. Denn das Kehlkopfchakra ist das Zentrum der Wahrhaftigkeit und der Freiheit.

Wir Engel sind uns bewusst, dass es ist nicht immer einfach für dich ist zu unterscheiden, was wahr ist und was nicht. Hier ist es wichtig, auf die Stimme deines Herzens zu hören. Deine innere Stimme wird dich lehren, deine eigene Wahrheit zu leben, und wie du ehrlich sein kannst mit dir und denen, die mit dir den Weg gehen.

Wahrheit, wirkliche Wahrheit kann nur aus dem Innersten heraus erkannt werden. Und so ist das Kehlkopfchakra auch eng mit dem Herzchakra verbunden.

Deiner Wahrheit zu begegnen heißt, eine tiefe Verbindung zu deiner Seele herzustellen. Wahrheitsfindung bedeutet, jede Situation im klaren Licht deiner Seele zu sehen, und stellt eine Ebene tiefsten Mitgefühls dar. Damit verfeinerst du deine Energie im Kehlkopfchakra sehr bedeutsam. Sobald du in Wahrhaftigkeit sprichst und handelst, wird dein Energiefeld feiner und heller und beginnt zu strahlen wie die Sonne.

Je mehr sie entwickelt ist, desto mehr kannst du mit der warmen Stimme der Liebe sprechen. Und je mehr Worte der Liebe du sprichst, desto höher wird die Schwingung in diesem Zentrum. Sei mutig, deine Wahrheit liebevoll zu verströmen.

Das Halschakra verarbeitet auch Erfahrungen des Selbstausdrucks, besonders, wie schon erwähnt, des Ausdrucks deiner höchsten Wahrheit als Seele.

In Verbindung mit deiner Seele bist du dir selbst und anderen gegenüber authentisch und drückst die Aufrichtigkeit deiner göttlichen Wahrheit aus. Die Identifikation mit deiner Persönlichkeit hört auf und weicht einer Öffnung für den ungetrübten Ausdruck deiner göttlichen Seele.

Wir Engel helfen dir liebevoll dabei, dich von der Angst vor Zurückweisung, Kritik, Unverständnis, Hohn oder ähnlichen negativen Reaktionen zu befreien und wirklich zu dir selbst und deiner Göttlichkeit zu stehen.

Zwischen deinen Augenbrauen liegt das sechste feinstoffliche Zentrum, das Stirnchakra. Es ist der Sitz der reinen Präsenz der Seele und verbindet dich mit der höheren Intuition und der göttlichen Führung. Dem Stirnchakra entspringt das Wissen, dass du mehr bist als dein Körper. Es ist das Tor zu höheren spirituellen Erfahrungen und wirklicher kosmischer Liebe. Das Göttliche ist nicht nur um dich, sondern in dir als deine innerste, ewige Essenz. Deine wahre Natur.

Letztendlich gibt es nur eine Wahrheit: Du bist Seele – seit Anbeginn und in alle Ewigkeit.

Du bist ein wundervolles, göttliches Wesen, das als höheres Selbst von den hohen Ebenen des Lichts herabgestiegen ist, um sich in dieser Welt zu manifestieren. Diese göttliche Essenz, die du bist, ist deine wahre göttliche Natur, dein Ursprung.

Das Stirnchakra wurde lange Zeit auf Erden durch eine Überbetonung des intellektuellen Verstands und des permanenten Versuchs, alles rational verstehen zu wollen, blockiert. Doch in der neuen Zeit wird dieses Zentrum immer mehr geöffnet werden und die Menschheit wird wieder enger in Kommunikation mit ihrer Seele sein.

Je höher die Energie ist, die du aufnimmst, desto höher wird dein Bewusstsein.

Bitte uns Engel bei der sanften Öffnung des Stirnchakras um Unterstützung, indem du dich in der Meditation, aber auch im täglichen Leben auf die Intuition und innere Führung ausrichtest und immer mehr vertraust, deiner inneren Stimme zu lauschen und zu folgen. Wenn du diese Praxis stetig übst, wird dein Verstand im Laufe der Zeit immer ruhiger und nach innen gelenkt, sodass du schließlich den Zustand der Selbstverwirklichung mühelos und leicht erreichen kannst.

Wenn du nun eine Frage stellst und deine Intuition antwortet, dann sind sowohl die Frage als auch die Antwort äußerst kraftvoll, da die Frage und die Antwort ihre Reise in der Intuition deiner Seele begonnen haben.

Wenn die Frage und die Antwort nicht von der Seelenebene kommen, dann will der Verstand etwas zur Frage und zur Antwort hinzufügen. Was der Verstand hinzufügt, ist sehr oft nichts als eine zweifelnde, zögernde und entmutigende Antwort. Der Weg der Intuition ist ein großes Geschenk, denn er erlöst dich von deinem ego-orientierten Denken und du beginnst, dein wahres Sein zu erkennen.

Dein siebtes Zentrum ist das Kronenchakra, das nach oben geöffnet ist, denn es verbindet das Menschliche mit dem Göttlichen und Kosmischen, dem großen Ganzen. Es wird sich als Letztes der sieben Energiezentren auf deinem Erdenweg entfalten.

Ist es aber vollständig erweckt, breitet es sich wie eine Krone des Lichts über deiner Schädeldecke aus. Das ist es, was die Menschen als »Heiligenschein« bezeichnen.

Wenn das geschehen ist, strahlst du Heilung und allumfassende Liebe aus. Du lebst dann in der Einheit mit Gott, lebst nur noch aus dem reinen göttlichen Bewusstsein heraus und hast einen tiefen, inneren Frieden durch die Verbundenheit mit der göttlichen Liebe gefunden.

Durch das Kronenchakra bekommst du eine Verbindung zum großen Ganzen, zu Gott und zu deinem Seelenplan. Du erkennst dann, dass alle Erfahrungen einen Sinn haben, egal wie schmerzhaft sie auch sein mögen.

Wenn dieses Zentrum im Einklang schwingt, verstehst du die Welt in einer völlig neuen Dimension. Du begreifst tiefe Lebenszusammenhänge und erinnerst dich, wer du wirklich bist und wie du dein Leben in Liebe, Freude und Schönheit gestalten kannst. Das aktivierte Kronenchakra steht so für die Verschmelzung mit dem universellen Sein, höchste Vollendung und Einheitsbewusstsein.

Um das Kronenchakra, aber auch alle anderen Zentren zu aktivieren und zu heilen, ist es unumgänglich, deine eigene Spiritualität zu entdecken und anzuerkennen und das Wissen um deine Göttlichkeit und die Hingabe an den kosmischen Plan in deinen Alltag zu integrieren. Meditation,

Gebet und die Ausrichtung auf die höchste Energie sind hierbei entscheidend.

Die reinste Energie ist die göttliche Energie der Liebe, die du über deine Chakren mit der Unterstützung von uns Engeln aufnehmen kannst. Diese hohe Energie wird von deinem Gehirn in Gedanken der Liebe umgewandelt und wird deinen Körper in Strömen der Heilung segnen.

So sagen wir dir noch einmal: Der wahre Weg der Schwingungserhöhung ist der Weg der Liebe, der Hingabe und des selbstlosen Dienens.

Deshalb ist Meditation in der neuen Zeit so wichtig für dich. In der Meditation bist du geöffnet und wir können dich besser unterstützen, die Frequenz deiner Chakren zu erhöhen, damit du dein Bewusstsein für die Liebe, das Licht und die Reinheit der geistigen Welt öffnen kannst.

Liebe, Hand in Hand mit Weisheit, unterstützt deine Entwicklung der Chakren.

Durch die liebevolle Weisheit wirst du danach streben, dir deines Wirkens auf höchsten Ebenen bewusst zu sein. Denn wahre, weise Liebe setzt das Wohl deines Nächsten an erster Stelle.

Unser Wunsch ist es, dass du dir immer mehr deiner Feinstofflichkeit bewusst wirst und mit den Gaben aus den göttlichen Ebenen bewusst im helfenden und heilenden Sinn umgehst. Der sichere und der richtige Weg jeder geistigen Entwicklung geht immer vom eigenen Herzen der Liebe aus.

Daher möchten wir dir zum Abschluss dieser Botschaft noch sagen: Du brauchst nicht mit komplizierten Techniken die Entfaltung der Chakren anregen. Kehre stattdessen zurück zu der selbstlosen Liebe – der reinen Liebe der Engel.

Ausgerichtet auf die Liebe und Weisheit des Herzens, begleitet von Selbstdisziplin und Konzentration werden deine Chakren in höchst harmonischer und natürlicher Weise ausbalanciert und werden sich zu deinem höchsten Wohle entwickeln.

Öffne deinen Blick durch Meditation nach innen. Jenseits aller Gedanken tritt ein in die Ebene deines göttlichen Lichts. Dann gleichst du einer weit geöffneten Blume, wie der tausendblättrige Lotus des Kronenchakras oder der vielblättrig leuchtende Lotus deines Herzzentrums.

Mit diesem Bild in deinem Herzen segnen wir Engel dich mit unermesslicher Liebe.

Die Freude – Brücke zur Seele

Während meines langen Klinikaufenthalts hatte ich eine Phase, in der ich mich überfordert und traurig fühlte. Ich fragte mich immer wieder, wie lange ich das noch aushalte und merkte, wie mir langsam, aber sicher, die Lebensfreude abhanden kam. Aber immer, wenn es in mir dunkel wurde, waren die Engel bei mir und erinnerten mich an das Licht der Freude. Sie umhüllten mich mit goldenen Strahlen, ähnlich die der Sonne, aber viel nährender und wärmender.

Sofort lösten sich die Traurigkeit und ihre Schatten auf. Ich erinnerte mich wieder, dass echte Freude dann entsteht, wenn wir uns auf sie fokussieren und ihr Raum geben. Unser Leben ist nichts anderes als das Spiegelbild unserer Wahrnehmungen und Gedanken und wie sehr wir uns auf diese Wahrnehmungen und Gedanken konzentrieren.

So begann ich jedes Mal, wenn die Traurigkeit kam, einfach STOPP zu sagen und mich von all den vermeintlich negativen Dingen, die um mich und in mir waren, für einen Moment fernzuhalten und mich auf die Dinge zu konzentrieren, die mir ein echtes und tiefes Gefühl von Freude gaben.

Meine Familie, meine Tiere, die Engel, Christus und Gott. Ich nahm mir von nun an jeden Tag mehrmals Zeit, um in mein Inneres zu blicken, um Freude zu erleben und damit mein Herz zu füllen.

Die Engel brachten mir eine einfache und doch so heilende Botschaft: Das Geschenk der Freude liegt in deinen Händen. Alles, was du brauchst, ist, eine Pause einzulegen und die Freude in deinem Leben zu sehen und zu empfinden. Wir Engel helfen dir dabei, wenn du dem Licht der Freude in dir Raum gibst.

Leider haben viele Menschen in der heutigen Zeit verlernt, echte Freude und Glückseligkeit zu empfinden. Wenn die Engel von Freude reden, dann meinen sie wahre, tiefe Freude und nicht das kurzweilige und schnell vorübergehende Gefühl von Spaß. Freude ist etwas, das tief in uns entsteht und unabhängig ist selbst von im Äußeren widrigen Umständen.

Freude ist ein Ausdruck von Gesundheit. Wenn ich mich freue, fühle ich mich vollständig, heil und ganz. Momente der Freude sind immer Momente der Begegnung und Verbundenheit – sie sind Ausdruck des Eins-Seins mit der Natur, mit den Menschen, mit der Schöpfung.

Hier versuche ich nun die Worte der Engel wiederzugeben, die in der Zeit der Traurigkeit mein Licht der Freude waren. Die Worte oder besser Schwingungen der Engel waren wie Luft unter meinen Flügeln und haben mich fröhlich, hell und weit gemacht.

Wann immer wir auf der Erde Freude erleben, bekommen wir einen Vorgeschmack auf das fernste Entwicklungsziel der Menschheit: Die allumfassende Freude durch die Liebe, die wir entwickelt haben, die Glückseligkeit, die gänzliche Vereinigung mit Gott. Diese Gottesliebe leuchtet jedes Mal auf, wenn wir Anlass haben, uns zu freuen.

Die Botschaft der Engel

Es ist wichtig für dein Leben, dass du dir viel Freude bereitest und dir erlaubst, in diesem freudvollen Zustand zu leben. Denn die Schwingungen der Freude lassen deiner Seele Flügel wachsen, schenken dir göttliche Leichtigkeit und tragen dich empor ins Licht.

Freude ist ein wundervoller Aspekt der reinen Liebe, und wir Engel wirken daran, euch Menschen Schwingungen der Liebe und Freude zu übermitteln. Es berührt uns Engel sehr, die oft traurigen Emotionen und Schwingungen der Menschen wahrzunehmen.

So sei als Lichtarbeiter bemüht, alle Dunkelheit und Traurigkeit in dir umzuwandeln, um den freudvollen Zauber der kindlichen Seele wieder hervorzubringen, sodass dein Seelenlicht deine Augen und dein ganzes Sein zum Strahlen bringt.

Wir Engel sind immer bei dir, um dich an die Schwingung der reinen Freude zu erinnern. Freude ist, wie die Liebe, die Essenz deiner Seele, ohne die du nicht glücklich und heil leben kannst. Sie ist ebenso wichtig wie die irdische Nahrung, die du zu dir nimmst, um voller Energie und Kraft leben zu können.

Freude ist der Grundstoff des Universums. Von Freude wird alles getragen, aus der Freude wird alles geboren, Freude verleiht dem, was sie erschafft, Lebenskraft. Denn Freude ist eine erschaffende Kraft. Gib der Freude Raum in dir, dann kann sie sich auch in deinem Leben ausbreiten!

Die Freude ist eine sehr hoch schwingende, wunderschöne Energie. Sie ist Bestandteil der bedingungslosen LIEBE.

Freude ist der Zustand, in dem wir Engel allgegenwärtig leben. Was du bisher für FREUDE hieltest, ist nur ein kleiner Vorgeschmack dessen, was wir Engel darunter verstehen. Wir Engel brauchen für die Freude keinen Anlass. Wir leben in der Freude. Sie ist unser Zustand.

Daher wünschen wir uns, die Freude und die Liebe mit dir teilen zu dürfen, die für dich vorbestimmt ist, die deine wahre Essenz ist.

Aus der Vergangenheit und den alten Energien auf der Erde heraus, wurde dir immer wieder gesagt, dass das Leben ein Kampf ist und du immer etwas *sein* musst. Und dieses Müssen engt dich ein, begrenzt dich; du *musst* glücklich sein, du *musst* im Licht stehen, du *musst* dich selbst verstehen, du *musst* allen Erwartungen entsprechen.

Beginne zu erkennen, dass das nicht die Wahrheit deiner Seele ist. Die Essenz deiner Seele ist voller Frieden, Leichtigkeit, Fröhlichkeit und Hingabe. Kein Müssen, kein Leiden ist notwendig. Es genügt, einfach nur du selbst zu SEIN.

Du bist nicht hier, um zu leiden, um zu kämpfen und Traurigkeit zu empfinden. Doch du bist oft so getrennt vom Gefühl der Freude, das zum Kern dessen gehört, wer du bist. Durch diese Getrenntheit entsteht eine innere Schwere, eine tiefe Traurigkeit in deinem Herzen.

Du bist jedoch hier auf der Erde, um Freude zu erfahren und um Liebe zu sein, denn du bist göttlich und vollkommen, so wie du bist. Nichts muss verändert oder verbessert werden. Alles ist genau richtig. Öffne dieser Wahrheit dein Herz. Wir Engel und alle Lichtwesen unterstützen dich dabei.

Das Göttliche möchte dich zurückführen zu deinem Ursprung, zurück in das Licht der Freude in dir selbst. Wie beschwerlich das irdische Leben auch ist, wie schwer es auch erscheinen kann, es ist immer eine Öffnung zur Freude, zur Urkraft, zur göttlichen Liebe möglich.

Ein wichtiger Schritt hierzu ist, dir darüber bewusst zu werden, dass Freude viel, viel schöpferischer und kraftvoller ist als jeder Zwang und alle Pflicht. Denn letztendlich führt das Erschaffen aus der Freude zu viel mehr Fülle und kreiert Schönheit und Harmonie: Nicht nur für dich selbst, sondern auch für andere, auch für die Welt.

Die Essenz der Schöpfung ist Freude. Das Göttliche hat dich nicht aus einem ernsten und traurigen Grund geschaffen. Es hat dich aus der Freude und der Liebe geschaffen. Du bist der Ausdruck von Gottes Liebe und schöpferischer Freude.

Wir Engel laden dich ein, dich wieder mit deinem ursprünglichen Energiefluss – Gottes Freude an der Schöpfung –, der durch jeden einzelnen Menschen strömt, zu verbinden.

Wir haben zu Anfang gesagt, dass FREUDE eine wunderschöne Energie ist – tatsächlich ist es eine der schönsten Energien, die es in der Welt gibt.

Diese Energie kannst auch du erzeugen, und zwar mit dem feinstofflichen Organ, das für Gefühle zuständig ist, mit deinem Herzen.

Freude ist, wie die Liebe, eine sehr hoch schwingende Energie. Du spürst sie vielleicht nicht immer ganz deutlich, aber du erlebst das Gefühl, das sie ausdrückt. Und das ist schön. Es ist dein Geburtsrecht als Wesen des Lichts, immer in der Freude zu leben, also immer ein schönes, glückliches Leben zu führen.

Verbinde dich mit der Freude deiner Seele, diese Freude ist dein Geburtsrecht, nimm sie an und lebe sie!

Das Leben selbst, das Göttliche, dehnte sich aus in Licht, Freude, Liebe, und so wurdest du voller Reinheit und göttlicher Freude geboren. Als Seele gingst du aus der göttlichen Quelle hervor, und du wolltest die Freude, die dir mitgegeben war, aus der du geboren warst, in die gesamte Schöpfung verströmen.

Fühle wieder die Urfreude, die in deiner Seele immer noch lebt. Alles, was du mitgemacht hast, der tiefste Schmerz, das Leiden, die Einsamkeit, werden endlich erhellt durch das Licht der göttlichen Freude, die in dir wohnt.

Wir Engel helfen dir dabei, sodass die Freude dich zu durchdringen vermag wie ein Wasserfall des Lichts, der dich reinigt und erhellt.

Nimm wahr, wie erschöpft du bist vom Kämpfen, vom Müssen, dem Wollen und der Enttäuschung, den Erwartungen im Außen nicht gerecht zu werden. Gib dich dem Strom der freudvollen Liebe hin! Fühle dich angenommen in der Strömung der Freude.

Lass die Freude durch alle deine Körperzellen strömen, vor allem auch in die Bereiche, die unter dem Druck des Müssens leiden, die erschöpft und verletzt sind vom Kämpfen.

Sei sanft mit dir selbst. Nimm dir Zeit und Aufmerksamkeit für die Anteile in dir, die unter dem Mangel an Licht gelitten haben. Heile dich durch Freude! Wie alle hoch schwingenden Energien ist auch die Freude ein Weg zur Heilung.

Das bedeutet nichts anderes, als dass die Freude all die niedriger schwingenden Energien, zum Beispiel die Energien von Angst, Wut, Schuld, Trauer, Kummer und Zweifel auflösen kann. Diese niedrig schwingenden Energien verursachen allesamt Unwohlsein und Krankheit.

Diese Energien werden erlöst, sobald du dich mit Freude erfüllst.

Durch die Energie der Freude können sich auch deine seelischen und geistigen Probleme auflösen und heilen.

Du vermagst dir gar nicht vorzustellen, wie herrlich leicht das Leben sein kann! Du brauchst nie mehr beschämt zu sein oder verlegen, nie mehr schüchtern, nie mehr ärgerlich, nie mehr etwas tun, was du eigentlich nicht möchtest. Dein ganzes Leben wird sich verändern.

Kehre heim in deinen Ursprung, um von dort aus zu fühlen, dass du in dir das Göttliche trägst und bist. Dich erfüllt der göttliche Lebensstrom der Freude, der dich heilen möchte und der durch dich hindurchströmen will.

Vertraue deinem wahren Wesen, lass deinen Verstand und dein Ego los und öffne dich für deine eigene Vollkommenheit.

Das ist etwas, das du mit deinem menschlichen Verstand nicht erfassen kannst, aber du vermagst es zu fühlen. In deinem Herzen mit einem Gefühl, das du nicht in Worte fassen kannst.

Du bist ein göttliches Wesen, erfüllt von Licht, Liebe, Leichtigkeit und Freude.

Du warst schon oft hier auf der Erde, aus ebendiesem Wunsch und Antrieb, das Licht der Schöpfung zu entzünden und Freude und Verständnis zu verströmen.

Fühle es und erkenne, wer du bist.

Du brauchst hier auf Erden in deinem Alltag gar nichts Besonderes darstellen, du brauchst hier nichts zu vervollkommnen – außer dich zu erinnern, wer du schon immer warst, bist und immer sein wirst.

Je mehr du dich deiner Göttlichkeit hingibst, desto freudvoller und lichter wird das Leben. Wenn du dich mit deiner Seele verbindest und in dieser freudvollen Gelassenheit lebst, lädst du den göttlichen Strom der Liebe ein, der Wunder in dein Leben bringt.

Wenn du dich in deiner Ganzheit annimmst, genau so, wie du in diesem Augenblick bist, bejahst du dein Leben, und du erlaubst dir, endlich alles zu empfangen.

Nimm deine ewige Wahrheit endlich an: Du bist ein vollkommener Aspekt Gottes, zärtlich umarmt und bedingungslos geliebt.

Das ist deine Aufgabe: Heimzukehren zu deinem ursprünglichen Zustand des Staunens und der Freude, inmitten von Energien auf der Welt, die momentan scheinbar in eine ganz andere Richtung weisen.

Daher beginne damit, dir zu gestatten, wieder Freude zu erfahren und zu leben. Die einfache Freude zu sein, die Freude, du selbst zu sein. Auf dem göttlichen Weg der Liebe geht es um Einfachheit und Leichtigkeit. Es geht darum, dich mit dem kindlichen, unschuldigen, reinen Aspekt deiner Seele zu verbinden.

Reiche dem inneren Kind in dir deine Hand, dem Kind, das die Leichtigkeit für dich behütet hat.

Tief in dir ist das göttliche Kind, dein reiner Seelenaspekt. Werde wieder mehr zu einem Kind, denn wie ein Kind möchte deine Seele das Leben voller Freude erfahren.

Wenn du dir mehr und mehr gestattest, dich dem Leben anzuvertrauen und dich göttlich und sorglos fühlst, dann ziehst du die positivsten Veränderungen in deinem Leben an.

Wir bitten dich, unseren Worten zu vertrauen und an die Güte des Lebens und die Freude zu glauben, die durch jedes lebende Wesen fließt.

Du brauchst deinen Blick nur auf das Naturreich zu richten. Die Tiere, die Bäume, die Pflanzen und Blumen, sie alle sind schon an sich ein Ausdruck von Schönheit und Harmonie. Sie zweifeln nicht an sich selbst. Sie achten und schätzen sich selbst auf eine absolut natürliche und harmonische Weise.

Verbinde dich mit dieser schöpferischen Energie der Ehrerbietung und vertraue auch du darauf, dass du von dem gleichen Netz des Lebens getragen wirst.

Dann kann sich dein Lebensweg in göttlicher Vollkommenheit entfalten und sich Schritt für Schritt offenbaren.

Das ist Leben aus der Seele heraus. Das ist möglich auf der Erde. Spüre, dass es möglich ist!

Denn wenn du in der Freude bist, wird nach dem kosmischen Gesetz der Anziehung oder der Resonanz immer nur Freude zu dir strömen. Wenn du in der Freude bist, kommt auch die Liebe, denn Liebe ohne Freude ist undenkbar. Genauso wie Freude ohne Liebe nicht existieren kann.

Dein Leben wird ein Fest der Freude sein – jeden Tag, zu jeder Stunde. Das können wir dir versprechen – denn auch wir Engel leben in dem Zustand der FREUDE.

Der Weg dorthin erfordert dein Vertrauen, deinen Mut, deine Hingabe und auch Disziplin, zielstrebig daran zu arbeiten. Aber auch die Arbeit ist wunderschön, denn du wirst immer mehr in Freude leben.

Wisse, du hast auf diesem Weg alle Unterstützung des Himmels. Wir Engel sind bei dir, voller Freude und reiner bedingungsloser Liebe.

Heilende Beziehungen

Ich kehrte also wieder vom Licht zurück auf Mutter Erde, um meinen Weg weiterzugehen. Ich wusste nach meiner Rückkehr um all den Beistand aus der geistigen Welt und trug das Urvertrauen in mir, dass alles gut werden würde, aber wegen meines vollkommen geschwächten Immunsystems und den schweren Entzündungen im Gehirn musste ich viele Medikamente nehmen. Ich segnete sie vor jeder Einnahme und ich bekam keine Nebenwirkungen. Allerdings verlor ich sehr viel Gewicht und auch einen Teil meiner Haare wegen einer Gehirnbiopsie. Es war nicht immer leicht, in den Spiegel zu blicken und mir zu sagen: Ich liebe mich – so wie ich bin …

Es vergingen Wochen und Monate und mein Körper gesundete. In all diesen Monaten fühlte ich, wie sich mein Partner immer mehr von mir distanzierte und er Angst hatte, meinen sehr dünnen Körper zu berühren. Auch konnte er mir keine Worte der Liebe mehr sagen.

Das war eine sehr schwierige Zeit für mich, denn mein Körper sehnte sich nach menschlicher Zuwendung der Liebe. Ich fühlte, wie ich mich immer weniger als Frau wahrnahm und meine Weiblichkeit und Schönheit nicht mehr erkennen konnte. Meine Seele badete zwar täglich im Licht der geistigen Welt. Aber dennoch sind wir eine Seele in einem menschlichen Körper und dieser hat Bedürfnisse.

Ich fühlte, dass es einen Grund gab, und sprach ihn nach langem Zögern offen darauf an. Er meinte, dass er eine große Distanz zwischen uns fühle und dass mein Erdenweg ein anderer sei als der seine. Durch die Erfahrungen im Licht hatte ich mich verändert, meine Schwingungen waren lichter, und mein einziger Wunsch war, so bald wie möglich dieses Licht und die Liebe in meinen Seminaren weiterzugeben.

Er hatte während meiner Zeit in der Klinik jemand anderes kennengelernt und sich immer wieder mit ihr getroffen, ohne es mir zu sagen, da er mich nicht verletzen wollte.

Ich fühlte mich zuerst verlassen und hintergangen. Aber das war nur mein Ego, das so empfand. Meine Seele verstand alles, verzieh und vertraute. Und es waren immer die Engel bei mir und sagten mir, alles ist *gut* und richtig. Als besonderes Geschenk überbrachten sie mir folgende Botschaft über heilende Beziehungen, die mich verstehen ließ, und ich konnte in Frieden loslassen.

Nur ein paar Wochen später traf ich, auch wieder von den Engeln geführt, meinen Seelengefährten, den Vater meines Kindes. Und alles fügte sich zusammen …

Was ist das Leben doch für ein großes Wunder, wenn wir der Stimme unserer Seele folgen, vergeben und die Zeichen erkennen können.

Die Botschaft der Engel

Geliebte Seele, wir Engel fühlen deinen Schmerz und wissen, wie schwer diese Zeit der Transformation und des

Loslassens für dich ist. Aber auch diese Erfahrung ist wichtig für deinen Aufstieg ins Licht. In dieser neuen Zeit unterliegen auch Beziehungen auf Mutter Erde einer tiefen Transformation.

Deine Beziehungen sind die Quelle tiefster Gefühle in dir, die von größter Freude bis zu tiefster Verzweiflung reichen und so wie ein Spiegel wirken. Menschen benötigen Beziehungen, um ihr eigenes Potenzial kennenzulernen. Sehr oft spiegelt die Qualität der Beziehungen nach außen die Beziehung, die du zu dir selbst hast.

Es gibt keine bessere Möglichkeit zu wachsen und dich zu erfahren und in der du so mit dir selbst konfrontiert wirst, wie in einer Partnerschaft. Sie gibt dir die Möglichkeit, wieder zu dir selbst zurückzufinden, um die Verantwortung für dein Leben zu übernehmen, damit wahre Heilung endlich geschehen kann.

Erkenne auch in deiner Beziehung Schmerz als ein Zeichen: Wann immer es wehtut, bist du auf eine Projektion, eine Lüge oder eine unverarbeitete Wunde gestoßen. Wann immer es schmerzt, lädt dich der Schmerz ein, weiterzugehen, zu wachsen, eine neue, tiefere Ebene der Beziehung zu dir selbst zuzulassen.

Beziehungen sind aus göttlicher Sicht nichts als Heilräume. Sie bringen Herausforderungen in dein Leben, spiegeln dir deine Wunden und geben dir Gelegenheit zu wachsen.

Werde bewusst und erkenne die wahre Bedeutung einer jeden Beziehung: Sie ist eine spirituelle Praxis. Die Beziehung ist ein wundervoller Lehrer für dich und durch sie wirkt die Evolution deiner Seele. Aber damit sie so wirken darf, ist es wichtig, dass du noch viel bewusster lebst, immer wieder deine Wahrnehmung hinterfragst und vor allem: wirklich zur Heilung bereit bist. Heilung bedeutet in deinem Fall Loslassen und Vergebung.

Befindest du dich in einer Beziehung, die durch sehr starke Emotionen gekennzeichnet ist und die in dir eine Menge Trauer und Schmerz hervorruft, so möchten wir Engel dir sagen: Du bist nicht verpflichtet, in dieser Beziehung zu bleiben und zu leiden. Denn dort, wo wahre Liebe fließt, können Leid und Schmerz nicht existieren.

Die Energie der Liebe ist immer harmonisch und friedvoll, leicht, freudvoll und inspirierend. Sie ist nicht schwer, anstrengend und schmerzhaft.

Nimmt eine Beziehung dementsprechende Züge an, ist es an der Zeit zu reflektieren und dir ihrer Botschaft bewusst zu werden, um sie in Frieden und in Liebe loszulassen anstatt weiter zu leiden.

Solche schmerzhaften Beziehungen haben sehr oft mit alten, karmischen Verbindungen zu tun. Karmische Beziehungen sind Beziehungen zwischen Menschen, die einander über viele Lebenszeiten hinweg gekannt und intensive Emotionen miteinander geteilt haben.

Du erkennst karmische Beziehungen oft daran, dass die Partner ungelöste Emotionen voller Schuld, Abhängigkeit, Eifersucht und Wut in sich tragen. Aufgrund dieser ungelösten Gefühle fühlen sich ihre Seelen in jeder neuen Inkarnation wieder zueinander hingezogen. Das Ziel dieses Wiederfindens ist es, ihnen die Möglichkeit zu geben, das anstehende Problem wirklich zu lösen und Heilung in sich selbst zu erfahren.

Es ist in dieser neuen Zeit so wichtig wie noch nie, dir die alten Themen der vergangenen Leben bewusst zu machen und diese in einer erleuchteten, bewussteren Art und Weise zu betrachten, zu erfahren und zu erlösen.

Das Karma, das in solchen Beziehungen zum Tragen kommt, bittet dich darum, vollkommen zu vergeben. Vergeben bedeutet, den anderen in Frieden loslassen zu können. Ihn in seiner Unvollkommenheit dort stehen zu lassen, wo er gerade steht. Ohne zu werten und ohne zu urteilen. Wenn du nicht vergeben kannst, hältst du weiter am Schmerz fest, und er wird sich noch mehr verstärken.

Aber eine Seele, die liebt, kann verzeihen. Vergebung ist ein Akt deiner Göttlichkeit.

Wahre Liebe ist nicht nachtragend, sondern beinhaltet Verständnis und Nachsicht. Nachsicht für dich selbst und Nachsicht für deinen Partner. Nachsicht bedeutet, den anderen nicht in seiner Schuld zu lassen, sondern ihn und dich zu erlösen. Solange du nicht vergeben kannst und loszulassen vermagst, bindest du deinen Partner an dich und bindest dich an ihn.

Dadurch schaffst du immer wieder Karma. Vergeben bedeutet somit, den anderen in die Freiheit zu entlassen, sowie selbst frei zu werden. Vergebung ist eine Quelle der Reinheit, des Lichts und der Erlösung, um dich und andere reinzuwaschen von aller Schuld.

Das Licht der Vergebung kann alle Schuldgefühle, jedes schlechte Gewissen, allen Hass und alle Wut wegspülen. Je mehr du Vergebung lebst und je intensiver du lernst, diesem Gefühl Raum in dir zu geben, desto mehr wirst du dich freier und glücklicher fühlen.

Es ist deine Bestimmung, liebste Seele, dich in dir und mit dir ganz und vollkommen zu fühlen. Das ist die wichtigste Voraussetzung für eine wirklich erfüllende Beziehung.

Erst durch Vergeben und Loslassen erlöst du dich von allem Vergangenen und kannst dich liebevoll dem Fluss der göttlichen Energien hingeben.

Aufgrund der neuen Energie, die durch Vergebung entsteht, ist es möglich, die zerstörerischen Elemente einer Beziehung in einen positiven, gleichmäßigen Energiefluss zwischen dir und deinem Partner umzuwandeln. So kann Heilung geschehen.

In diesem Zusammenhang möchten wir Engel dir nun erklären, wieso euch Menschen Beziehungen so sehr verletzen können. Wir möchten dir heute in einfachen Worten etwas über einen uralten Schmerz, den du in deiner Seele trägst, berichten. Es ist ein Schmerz, der bei der Geburt deiner Seele entstand.

Innerhalb des reinen göttlichen Bewusstseins wurde zu einem bestimmten Zeitpunkt der Entschluss gefasst, eine neue Erfahrung zu erschaffen. Es ist für uns Engel nicht leicht, dies in menschliche Worte zu kleiden, denn das Göttliche lässt sich so schwer mit Worten beschreiben. Aber versuch es dir so vorzustellen, dass es in diesem vollkommenen göttlichen Bewusstsein der Einigkeit einen Wunsch nach Erfahrung gab. Denn wenn du vollständig umhüllt bist von der Ganzheit, dann bist du einfach. Trotz der Glückseligkeit in diesem Zustand gab es einen Aspekt Gottes, einen Teil seines kosmischen Bewusstseins, der entdecken und sich entwickeln wollte. Dieser Teil trennte sich sozusagen von sich selbst.

Du und jede Seele bist dieser Aspekt von Gott. Dein Bewusstsein hat vor langer Zeit zugestimmt, sich von der Einheit zu trennen und ein »Ich« zu werden, eine Einheit in sich selbst, ein definiertes individuelles Bewusstsein. Du hast gefühlt, dass die Sehnsucht nach Erfahrung, Wachstum, Kreativität und Erneuerung wertvolle Ziele sind. Und dennoch, in dem Moment, in dem du aus dem Feld der Einheit wirklich herausgelöst wurdest, entstand in deinem Leben ein tiefer Schmerz. Du fühltest dich getrennt vom göttlichen Zustand der Liebe und Sicherheit, der für dich zuvor vollkommen selbstverständlich gewesen war.

Im Laufe der vielen Erfahrungen in diesem Zustand wurde es sehr schwierig für dich, in Verbindung mit diesem tiefen, inneren Bewusstsein zu bleiben, in dem du göttlich und vollkommen bist. So trägt jede Seele auf der einen Seite das reine göttlichen Wissen in sich und auf der anderen Seite existiert im menschlichen Sein der Schmerz der Trennung.

Deine Seele darf nun auf Erden Erfahrungen machen, um in ihrer Ganzheit wieder zu ihrem göttlichen Ursprung zurückzufinden. Deine Seele möchte in ihrer menschlichen Erfahrung lebendig sein, wachsen und sich wieder an ihre Göttlichkeit erinnern.

Aber aufgrund des Heimwehs, das ihr Menschen in euch tragt, habt ihr oft mit Schmerz und einer tiefen Traurigkeit zu kämpfen. Als Individuum in der Dualität kannst du nicht nur Licht erleben und so musstest du auch das Dunkel erfahren.

Im Augenblick deiner ersten menschlichen Geburt hast du angefangen, dich mehr und mehr winzig und unbedeutend zu fühlen. Von diesem Moment an hast du nach etwas gesucht, was dich retten könnte. Eine Macht oder Kraft außerhalb deiner selbst, einen Gott, einen Meister, einen Partner, ein Kind und vieles mehr.

Im Prozess des Erwachens, den du gerade erlebst, erkennst du, dass die essenzielle Sicherheit, nach der du dich immer gesehnt hast, nicht außerhalb von dir zu finden ist.

Heilung kann deshalb nur durch die Rückverbindung mit dir selbst geschehen, denn du selbst bist göttlich. Du selbst bist dieser kreative Anteil Gottes, der beschloss, seinen eigenen Weg zu gehen und Dinge in einer ganz besonderen Art zu erleben. Dazu gehört auch, deine weiblichen und männlichen Energien in dir zu heilen.

Die männliche Energie ist der Aspekt, der mehr nach außen gerichtet ist. Es ist der Anteil von Gott oder Geist, der die äußere Manifestation vorantreibt, der dem Geist Gestalt gibt und ihn Form annehmen lässt. Die männliche Energie verfügt daher über eine starke kreative Kraft. Ihr Prinzip ist Struktur, sie ist haltend und aktiv. Die männliche Energie schützt und hält die weibliche Energie, gibt ihr ein Gefäß, einen Rahmen, eine Sicherheit, in der sie sich an sich selbst hingeben und entfalten kann.

Die weibliche Energie hingegen ist die Energie deines Zuhauses. Sie ist schöpferisch, kreativ, Leben gebärend, aufnehmend, umwandelnd und heilend. Es ist die Energie der Urquelle, fließendes Licht, reines Sein. Es ist die Energie, die noch nicht Gestalt angenommen hat, der innere Aspekt der Dinge. Das weibliche Prinzip ist Hingabe, es ist empfänglich und passiv.

Beide Energien sind sowohl in dir als Frau und auch in jedem Mann zu finden. Als Seele bist du weder männlich noch weiblich, du bist sowohl männlich als auch weiblich. Jetzt ist die Zeit gekommen, diese beiden Energien in Harmonie zusammenarbeiten zu lassen, um wieder die Einheit deiner göttlichen Seele zu erfahren.

Sowohl den Seelen von Männern als auch den Seelen von Frauen sind durch die Geschichte, die hinter euch Menschen liegt, tiefe Wunden geschlagen worden. Durch die Unterdrückung der weiblichen Energie ist es für dich als Frau schwer gewesen, zu und in deiner Kraft, deiner Intuition und deinem Licht zu stehen. Aber auch Männer sind tief verwundet worden. Für Männer war es ebenfalls sehr schwer, mit ihrer Gefühlsseite in Kontakt zu kommen. Bis auf den heutigen Tag wird ihnen oft beigebracht, sie zu verleugnen.

Aber es ist eine Transformation in Gang, in der das Männliche und das Weibliche auf eine neue Art und Weise miteinander Heilung erfahren, um ein ausgewogeneres Zusammenspiel der männlichen und der weiblichen Energie auf der Erde zu erschaffen.

Hierzu beginne in dir selbst, indem du diese zwei Energien in dir ins Gleichgewicht bringst. Dadurch, dass du das Gleichgewicht in dir selbst verwirklichst, sei ein Vorbild dafür, wie eine freudvolle Zusammenarbeit des Männlichen und des Weiblichen aussieht.

Das ist wieder der Weg zur wahren Heilung, zur Ganzheit: Zu erkennen, dass du selbst alles bist, wonach du im Außen gesucht hast. Da ist nichts außerhalb von dir, was dich ins Zentrum deiner eigenen Kraft, deiner eigenen Ganzheit bringen kann. Du benötigst keine Ergänzung im Außen, da du schon ganz in *dir* bist.

Wenn diese Erkenntnis zu deiner Erfahrung und deiner Wahrheit wird, bringt dir das solche Freude, ein so tiefes Gefühl des Nachhause-Kommens, dass es alle deine Beziehungen auch im Außen in eine neue Sichtweise stellt. Wenn du nun die Verantwortung übernimmst, wirst du erfahren, dass es keinen anderen braucht, um ganz und heil zu sein.

Wahre Liebe ist dann zwischen zwei heilen Seelen wie ein wundervolles Feuerwerk der Göttlichkeit. Jedes Licht für sich ist vollkommen, und in der Vereinigung zweier strahlender Seelen erstrahlt ihr Licht doppelt so hell und ist berührend schön.

Wenn du dieses Licht in dir entfachst, beginnst du es auch in all den wundervollen Kreationen der Schöpfung zu entdecken. Du erkennst, dass alles eins ist und dennoch einzigartig. Unendliche Freude und Freiheit gehen mit diesem Erwachen einher.

Es ist der Weg des Herzens, den du Hand in Hand mit deinem Partner, deinen Kindern, deinen Eltern und allen Wesen gehst. Wenn du diesen Weg einschlägst, öffnet sich dein Herzzentrum wie eine wundervolle Blume und der Duft der Liebe wird deine Welt verändern. Die Liebe wird sich dann zu erkennen geben im Blühen der Blumen und

Bäume, in den Farben des Regenbogens, in allem, was voller Schönheit, voller Geheimnis und Wunder ist.

Alles ist ein Ausdruck des Göttlichen. Auch dein Leben. Leben ist Freude. Und das Göttliche möchte, dass du dich freust, an deiner Menschlichkeit in ihrer Ganzheit, an dem Leben in all seinen Formen, an deiner Weiblichkeit, an der Frau in dir, der Mutter, der Tochter. Dein Leben ist eine großartige Möglichkeit, für die das Göttliche in dir sich entschieden hat, um alle Formen der Dualität zu erfahren und sich bewusst zu entwickeln.

Aber Leben kann seinen Sinn nicht entfalten, wenn du es getrennt und voller Schuld und Traurigkeit betrachtest. Es hat nur Bedeutung, wenn es ganz wird, wenn deine Weiblichkeit sich mit deiner Männlichkeit vereint, wenn deine Menschlichkeit mit deiner Göttlichkeit eins wird und du auferstehst in die Unsterblichkeit deiner Seele.

Warum solltest du in deinem Leben und auch in deinen Beziehungen das Schmerzhafte wählen, wenn du die Liebe, die Freude und das Glück leben kannst? Erwache im klaren Bewusstsein, das wählt und die vielen Spielchen, die du als Mensch gespielt hast, durchschaut und beendet. Erschaffe in deinem Herzen einen Tempel der Heilung und Liebe und erlaube deinem Gefährten, diesen heiligen Raum ohne jede Bedingung mit dir zu teilen. Dann bist du eins mit deiner Göttlichkeit auf Erden: Als bedingungslose Liebe, die ohne Bedingung und Bewertung nach außen leuchtet, erschafft und segnet.

Bejahe das Wunder deines Seins und heiße es willkommen. Wisse um deine Einzigartigkeit, und auch wenn du dich mit anderen in Beziehungen verbindest, wirst du immer du selbst bleiben. So wirst du liebevolle Beziehungen anziehen und der Schmerz, die Enttäuschung und Traurigkeit werden verschwinden.

Du bist eine strahlende Seele, die sehr viel erlebt hat. Du warst Frau und auch Mann, lebtest schon sehr viele Male auf Mutter Erde, und nun kannst du deine Reise vervollständigen. Die Zeit ist gekommen, dass global und auch individuell Mann und Frau sich wieder umarmen und eins werden, sowohl in der Außenwelt als auch in deiner Innenwelt. Alle Aspekte der Schöpfung sind in dir anwesend, sowohl die männlichen als auch die weiblichen. Du benötigst niemanden, um dich zu vervollständigen.

In der heiligen Alchemie, in der Verschmelzung der Weiblichkeit und Männlichkeit in dir liegt der Zugang zu deinem wahren Sein, hier bist du freier Schöpfer. Diesen Schritt kannst nur du allein gehen, aber er wird dich mit der Wahrheit verbinden, die dein Fundament ist. Der Schlüssel ist, sich eines anderen Aspektes deiner selbst bewusst zu werden.

Beginne, deine Aufmerksamkeit vom Körper und deiner Persönlichkeit abzuwenden. Hin zu einer größeren Perspektive deines Seins, dem Teil von dir, der von Göttlichkeit und Liebe durchdrungen ist. Fühle und sehe und lausche noch einmal nach innen. Was du da erkennst, bist du. Du hast die Öffnung in der Hand, du hast das Vertrauen in deinem Herzen, du hast das Wissen in jeder Zelle.

Die Beziehung mit dir selbst ist die wichtigste Beziehung, die es gibt. Und sie ist eine Beziehung basierend auf der reinen Liebe. Diese ursprüngliche Liebe hebt alle Grenzen auf und durch ihre Kraft können freundschaftliche, liebevolle Beziehungen zwischen den verschiedensten Menschen entstehen. Durch die Liebe kann sich jede und jeder angenommen wissen.

Deine Seele sehnt sich nach einer heilsamen zwischenmenschlichen Beziehung der Liebe. Lass die Liebe zu deiner ureigensten Wahrheit der Seele werden und unterstelle alles Denken, Handeln und Sein ihrer allumfassenden Schönheit. Dadurch wird die Liebe zu viel mehr als einem Gefühl, das kommt und geht.

Liebe wird für dich zu einem Zustand, der fortwährend aufrechterhalten und gelebt werden kann: in deiner Beziehung, der Familie, in deinem täglichen Leben. In diesem Seinszustand fällt jede Trennung fort und damit auch alles, was du als negativ bezeichnen würdest. Die Kraft der gelebten und geteilten Liebe wird so viel Heilung und Frieden in dein Leben tragen.

Dadurch kann eine neue Ebene der Partnerschaft entstehen zwischen all jenen, die jetzt erwachen. Und das wird bei vielen Menschen geschehen. Schau in die Welt und erkenne, wie es gerade geschieht.

Alte Verbindungen lösen sich auf und finden sich neu. Aber sie werden sich nun anders gründen: Auf der Basis der Herzensebene und der Liebe.

Nun fühle in dein Herz und prüfe, wo und wie du deine einzigartigen Qualitäten mit denen anderer verbinden kannst, sodass ein großes Herz der Liebe entsteht. Die Zeit ist vorbei, aus Scham, Angst und alten Erinnerungen heraus in unglücklichen Beziehungen zu leben.

Das Licht auf deinem Planeten nimmt immer mehr zu und seine Kraft verstärkt sich von Tag zu Tag. Das bedeutet, dass deine positiven und liebevollen Handlungen jetzt mehr Einfluss haben als die anderen Aktivitäten, die nicht positiv und von Liebe getragen sind.

So kannst du dein göttliches Herz leben, das zuerst und vor allem Liebe ist. Und die tiefe Sehnsucht deiner Seele erfüllt sich: gelebte Einheit und Liebe in allen Beziehungen mit deinen Mitmenschen. Du brauchst wahrlich nur dein Herz zu öffnen und Liebe, Glück und Freiheit wird in dein Herz, in dein Leben und deine Beziehungen strömen.

Fühle dich von Herzen bereit für das *Wunder* der Liebe und erinnere dich. Bevor du geboren wurdest, hattest du dich entschlossen, zu dieser Zeit zurückzukehren und dich der Welt zu schenken. Dies war dein erstes Wunder der Liebe, das du vollbrachtest. Unterschätze nicht, wie wichtig deine persönliche Rolle ist, wie wichtig jeder Einzelne ist.

Die Liebe hebt alle Grenzen auf und durch ihre Kraft können freundschaftliche, liebevolle Beziehungen zwischen ganz und gar verschiedenen Menschen entstehen. Durch die Liebe kann sich jede und jeder angenommen wissen. Das ist das Wunder, welches Mutter Erde und alle Wesen in dieser Zeit braucht.

In der Wärme der Liebe kann deine Seele sie selbst sein. Die Liebe ist das Wesen der Seele. Sei gesegnet, vertraue und glaube!

Die Einheit jenseits der Dualität –
die Wahrheit der Liebe

In der Zeit im Koma durfte ich erfahren, dass die ganze Schöpfung aus reiner Liebe besteht und ich ein Teil von ihr bin. Daher kann ich letztendlich nichts anderes sein als Liebe und Licht, da dies meine Essenz ist und der Ursprung des ganzen Universums. Auch alle Dualität der materiellen Welt und ebenso die negativen Dinge sind Teil der Gesamtheit der bedingungslosen Liebe. In diesem Raum der bedingungslosen Liebe, in dem ich war und in dem ich immer bin, wurde ich mir meiner eigenen Vollkommenheit bewusst.

Als Menschen auf Erden haben wir alle Schatten- und Lichtseiten in uns. Schließlich leben wir in einer dualen Welt. Wenn wir aber versuchen, die Schattenseiten zu verdrängen oder zu verstecken, dann werfen sie ihren Schatten auf das Licht unserer eigenen Göttlichkeit.

In dem Zustand bedingungsloser Liebe, losgelöst von meiner Menschlichkeit, erlebte ich: Alles ist einst aus Licht entstanden und darf nun wieder zu Licht werden. Ich darf Licht sein, darf Liebe sein! Licht ist Wahrheit, Licht ist Liebe. Und ich darf vollkommen sein.

Während meiner Nahtoderfahrung gab es nichts, was außerhalb meines Bewusstseins lag, weil ich *eins* war mit dem Göttlichen. Ich erlebte einen Zustand absoluter Klarheit und konnte meine Vollkommenheit erfahren und sehen.

Diese Augenblicke, die für mich eine Ewigkeit waren, da ich jenseits von Raum und Zeit existierte, waren nach meiner Rückkehr mein Anker der Heilung. Mir wurde bewusst, dass es keine von mir getrennte Schöpfung gibt, und damit auch keine Trennung und Dualität. Kein gut oder böse, kein krank oder gesund.

Als ich mich wieder in der irdischen Welt und meinem Körper befand, erkannte ich, dass sich die Menschen ihrer Großartigkeit und Vollkommenheit nicht bewusst sind. Ich erkannte, dass Verurteilung, Schuld, Hass und Angst nur von Menschen kommen können, die ihre eigene Göttlichkeit nicht erkennen.

In der Zeit, in der mein Körper heilte und ich oft Schmerzen empfand, bat ich die Engel, mir beizustehen, um diese Erfahrung der Vollkommenheit in der Dualität bewahren zu können. Manchmal gelingt es mir gut, manchmal ist es schwierig, aber auch das kann ich jetzt ohne Beurteilung und Schuldgefühle annehmen.

In den letzten zwei Jahren ist viel auf Erden geschehen und Zweifel und Angst beherrschen die Herzen vieler Menschen. Die Medien unterstützen dies und erschaffen Bilder von Gut und Böse, Licht und Schatten. Aber nach dieser Erfahrung des Einsseins glaube ich, dass niemand in seinem innersten Wesen wirklich schlecht ist, sondern dass das Böse nur ein Erzeugnis der Angst ist.

In der Erkenntnis, dass Licht und Liebe unsere Essenz sind, liegt die Heilung für uns und die Welt. Nur durch jeden Einzelnen von uns kann ein tiefer Wandel in der Welt vollzogen werden.

Daher brachte ich die Energie der Engel, die mehr als Worte waren, auf Papier. Es waren Einsichten in die Einheit, die mir über das Leben auf der Erde, der Dualität zuteilwurden.

Die Botschaft der Engel

In dieser Zeit, in der sich auf Erden so viele Kräfte gegenseitig messen, sind wir Engel gekommen, um dich fühlen zu lassen, dass du von uns Lichtwesen getragen wirst. Wir sind dankbar, dass du dich entschieden hast, deinen Erdenweg weiterzugehen. Unsere Schwingungen der Liebe unterstützen alle deine Bemühungen, das Leben in all seiner Schönheit, in Liebe und aus vollem Herzen im Licht anzunehmen.

Es erstaunt die Menschen oft, dass wir Engel immer wieder die Schönheit des Lebens hervorheben und scheinbar nicht erwähnen, was Dunkel und voller Disharmonie ist. Das geschieht, weil wir nicht mehr in der Dualität verhaftet sind. Jenseits der Dualität ist die unvergängliche Schönheit die einzige Wahrheit. Erkenne, wie du in dem Maße, in dem du für die Liebe und die Schönheit des Lichtes empfänglich wirst, du das Licht auf Erden vermehrst. Und im gleichen Moment die Dunkelheit und die Gleichgültigkeit, die Bitterkeit und die Angst der Menschen erhellst.

Wir Engel wissen sehr wohl um das Dunkle im Leben der Menschen, aber unsere und auch deine Aufgabe ist es, Licht in die Nebel der Getrenntheit zu tragen, um diese zu erhellen. In dieser wichtigen Zeit wird vieles von Dunkelheit in Licht transformiert. Die Angst wird immer mehr sichtbar gemacht, damit sie von der Liebe erlöst werden kann. Nicht nur in deinem Herzen, sondern in dem der gesamten Menschheit. Es ist ein großer Prozess, den ihr alle gerade durchlauft, und der die Menschheit einen weiteren Schritt in Richtung Licht-Bewusstsein bringen wird.

Sobald du diese gegensätzlichen Kräfte, Licht und Schatten, deshalb besonders stark spürst, dann bitte uns Engel um Beistand.

Eine neue Welt entfaltet sich in dir und überall um dich herum. Du erlebst dies jeden Tag in den Nachrichten, an den Ereignissen, die auf globaler Ebene passieren, und auch im Kleinen, bei den Menschen um dich herum, die in Krisen geraten sind. Und du erlebst es gerade auch in deinem Leben. Dein Körper transformiert sich und durch die Hingabe an diese Transformation kann tiefe Heilung in dir geschehen.

Alle diese Ereignisse wirken als Weckrufe. Sie fordern dich und die Menschen mit Nachdruck dazu auf, tief nach innen zu gehen. Dies ist eine Zeit des intensiven Wandels und darin zeigt sich die Ankunft des Neuen – jetzt schon deutlich.

Wir Engel möchten nun versuchen, dir ein erweitertes Verständnis von Dualität zu vermitteln. Dualität anzunehmen ist eine große Lebensaufgabe. Dann kannst du aber die Existenz von Gegensätzen viel leichter wahrnehmen und dadurch erlösen, und du erlebst Zeit, Entwicklung und Liebe ganz anders, neuer, freier und lebendiger. Dein Leben ist ein großer Lernprozess.

Du brauchst Vertrauen und Glaube, um sowohl Glück als auch Unglück zu erleben und zu akzeptieren als Teil des Ganzen. Dann brauchst du für jedes vermeintliche Unglück keine Gründe mehr im Außen zu finden, sondern kannst es in deinem Herzen als Teil deines Lebens erkennen und so echtes Wachstum erfahren. Nicht zuletzt wirst du allumfassende Liebe empfinden können, denn sie ist die höchste und schönste Vereinigung von Gegensätzen.

In diesem grenzenlosen Raum der Liebe, in dem du dich gerade befindest, existiert keine Trennung, sondern nur Einheit. Dualität wie Gut und Böse, Liebe und Angst, Licht und Schatten existieren nur für euch Menschen, die in der Zeit leben. Außerhalb der Zeit, im Raum der Göttlichkeit, kann die Dualität nicht mehr existieren, sondern nur noch Schwingungsfelder der Harmonie und der Ganzheit.

Du fühlst in diesem Moment in dir die reine Liebe und die Einheit deiner Seele, verstärkt durch unsere Schwingung, die dich umgibt und trägt. Es ist Zeit, dem göttlichen Anteil in dir Energie zu geben und ihn als deine Wahrheit anzuerkennen, und nicht jene Aspekte, die noch in alten Ängsten und Zweifeln und in Ungewissheit stecken.

Richte deine Aufmerksamkeit, deine Beachtung auf deine Vollkommenheit, und auf diese Weise bewirkst du, dass sie in dir und deinem Leben erblühen kann.

Fühle gerade in diesem Augenblick unsere Schwingungen und unsere Liebesenergie, die sich fest auf den lichten, hoffnungsvollsten, kraftvollsten, schönsten, liebevollsten Teil in dir richtet und fühle, wie sich dieser Teil erhellt.

Fühle, dass du bereits jetzt schon alles weißt und fühlst, fühle, dass du großartig und vollkommen bist!

Kehre mit dieser ewigen Wahrheit zurück in dein irdisches Sein und trage das Licht deiner Seele in die Welt. Dein Sehnen nach innerer Befreiung, Bewusstheit und Heilung verwandelt sich nun in einen Neubeginn. Vertraue dem Leben, denn es gibt nur Liebe.

Im göttlichen Bewusstseinsfeld der Liebe ist auf der irdischen Ebene eine Struktur entstanden, die Angst genannt wird. Diese Angst erfüllt eine Aufgabe, die Transformation genannt wird. Die Angst hilft dir, die Liebe zu vertiefen und auch, sie in dir bewusster zu erfahren, denn in tiefer Liebe gibt es keine Angst mehr.

Nach einer genauen und klaren geistigen Innenschau erlangst du tiefere Kenntnisse über dein wahres Wesen und deinen Ursprung.

Angst ist wie Dunkelheit, sie existiert nur scheinbar. In Wahrheit ist Dunkelheit nur das Fehlen von Licht. Licht hingegen existiert wirklich, denn Licht ist dein Ursprung.

Wenn du das Licht löschst, wird es dunkel. Wenn du es wieder entzündest, wird es wieder hell. Dunkelheit hingegen kann man nicht löschen, egal, was du auch versuchst. Möchtest du an der Dunkelheit etwas ändern, wende dich dem Licht zu. Und mit dem Licht wirst du das Dunkle erlösen.

Angst ist Dunkelheit in dir und verschleiert das Licht deiner Seele. Sie ist Abwesenheit von Liebe. Deshalb höre auf, gegen die Dunkelheit zu kämpfen. Wenn du mit der Dunkelheit oder der Angst kämpfst, wirst du unterliegen. Wende dich dem Licht zu – und die Dunkelheit löst sich auf.

Angst und Liebe sind wie die zwei Seiten einer Münze. Auf der Seite der Angst wurde ein Schatten geschaffen, der nicht real ist, sondern der entsteht, nachdem die Liebe sich von sich selbst fernhält. Sie kehrt sich gleichsam gegen sich, um sich selbst wieder von Neuem zu erleben.

Zur gegebenen Zeit wird die dunkle Seite so schwer – und diese Zeit erlebt die Menschheit in den nächsten Jahren –, dass die Medaille kippt und die dunkle Seite sich wieder zum Licht hindreht.

Denke immer daran: Du hast dich bewusst in diese Zeit der großen Veränderungen hineingeboren, weil deiner Seele so ein intensiveres Wachstum ermöglicht wird als jemals zuvor.

Daher bringt die Zeit der Transformation unendlichen Segen für dich, auch wenn sie deinem Ego sehr anstrengend erscheint.

Wirkliche Heilung geschieht deshalb nur durch Transformation – das heißt, wenn ein Transformationsprozess abgeschlossen ist, hat sich etwas sehr Belastendes in etwas sehr Schönes, etwas sehr Wertvolles verwandelt. Aus der Dunkelheit wird das Licht deiner Seele auf nie da gewesene Weise von dir erlebt.

Die Dunkelheit und die Angst bringen dich auf eine tiefe Ebene deines Seins. Es geschieht in dieser Zeit der Transformation und der Heimkehr etwas in deinem Leben, das viel Trauer, Angst und Schmerz bringt. Bei dir ist es eine lebensbedrohliche Krankheit, bei jemand anderem vielleicht ein schwerer materieller Verlust ... Daher begegne allen Prüfungen und allem Leid mit Liebe und Hingabe, das ist der Weg in der Heilung. Denn jede Seele kommt an einen Punkt in ihrem Leben, an dem sie sich ihren Schatten und ihrer größten Angst stellen darf.

Wenn du das erfährst, dann bist du sehr lebendig. Das Leben fließt voller Energie durch dich hindurch. Du hast es erlebt, du weißt, wovon wir Engel sprechen. Es braucht nun deine Hingabe, deinen Glauben und die Stärke, darauf zu vertrauen, dass diese Erfahrung wertvoll für dich ist. Alles in deinem Leben hat eine Bedeutung, auch wenn du als menschliches Wesen diese Bedeutung oft nicht verstehst. Wenn du mit deiner Angst konfrontiert bist, dann gibt es einen Moment der Wahl: Annahme und Hingabe oder Widerstand und Isolation.

Doch wenn du es meisterst, solchen Herausforderungen voller Vertrauen und Hingabe zu begegnen, wirst du in dir eine Quelle des Lebens wiederfinden. Das Leben wird dich durchströmen und im Licht der Liebe erfährst du die Einheit. Es braucht nun deine Hingabe und die Stärke, darauf zu vertrauen, dass es in dieser Erfahrung etwas gibt, das dich weiterbringen wird.

Jeder Widerstand erzeugt in dir ein NEIN und dann beginnen die Angst und die Dunkelheit von innen zu wirken: Es ist deine Reaktion auf das Leben und die von deiner Seele gewählten Erfahrungen. Wenn du darauf beharrst, »Nein« zu sagen, wirst du von Feindseligkeit, Ärger und

Bitterkeit erfüllt. Diese Feindseligkeiten sind keine wirklichen Gefühle, es sind Verurteilungen, die den natürlichen Fluss der Gefühle in deinem Inneren erkalten lassen.

Erkenne dies auch bei all den Menschen, die in dieser Zeit so voller Wut und Zorn erscheinen. Verurteile sie nicht, denn auch sie sind Teil des Ganzen. Schenke ihnen stattdessen dein Licht der Liebe. Liebe hilft dir, deine Angst und deinen Schmerz zu fühlen. Dann kannst du auch die Angst und den Schmerz jener spüren, die dich vielleicht angreifen. Die Angst oder den Schmerz in dir und auch in deinem Angreifer wahrzunehmen, lässt ihn dich akzeptieren, und dann kann der Weg der Vergebung beginnen. Dieser Weg schenkt dir und der Welt die Heilung, die sie so notwendig braucht.

Vergebung ist ein wichtiger Teil wahrer Heilung. Sie ermöglicht dir, dich von der Dunkelheit zur Liebe zu wandeln, von der Gedrängtheit zur Verbundenheit und Einheit. Vergebung umarmt alle Dunkelheit und jeden Schmerz und öffnet das Tor zur Heilung und Ermächtigung.

Du trägst in dir die Essenz der bedingungslosen Liebe. Sie ist das Licht, das in die Dunkelheit der Welt hineinströmen kann. Dieses Licht kann bis in die letzte Ecke fließen, denn es kennt keine Verurteilung oder Begrenzung. Es beurteilt nicht.

Das Licht der Liebe sagt einfach: Ich vergebe. Und ich verstehe. Es erkennt, wie schwer das Leben für diese Seele war. Es versteht, warum das Herz zugemacht wurde, warum sich dieser Mensch vor sich selbst verschlossen hat, und wie ihn diese Verengung schließlich voller Angst und wütend gemacht hat.

Sobald du dich der Liebe öffnest, kannst du nicht anders handeln, als alle Menschen zu lieben, nicht nur jene, die du magst und mit denen du übereinstimmst. Die Liebe lässt dich hinter die Maske blicken und das wahre Selbst jedes Wesens erkennen. Mach dir immer wieder bewusst, dass alles, was dir im Außen begegnet, als eine Schwingung auch in deinem Bewusstsein vorhanden ist. So wende dich nicht von der Dunkelheit im Außen ab, sondern segne sie und biete ihr dein Licht der Liebe an.

Beginne so zu leben, und du wirst die Welt erhellen – voller Sanftheit, Güte und Verstehen. Das ist der Weg der Heilung für dich und deine Welt – nicht von außen nach innen, sondern von innen nach außen.

Licht ist sanft, Liebe ist bejahend. Und all das bist auch du! Wir Engel bitten dich deshalb darum, im Leben »Ja« zu sagen: zu den schwierigen Ereignissen, den Krankheiten, dem Schmerz und der Angst.

Angst ist nichts anderes als fehlende Liebe. Wende dich einfach der Liebe zu und vergiss die Angst. Wenn du wirklich liebst, erlöst du die Angst. Wenn du die Welt liebst und ihr in der Tiefe deines Wesens begegnest, verschwindet jede Angst auch um dich herum. So wie die Dunkelheit sich auflöst, wenn das Licht sich entzündet.

Das Geheimnis ist also: Liebe mehr!

Wenn du Angst in dir spürst, liebe mehr. Fasse dir ein Herz, sei mutig in der Liebe und liebe bedingungslos. Es gibt nichts außer Liebe.

Dein Leben ist eine wundervolle Gelegenheit, für die das Göttliche in dir sich entschieden hat, um alle Formen der Dualität zu erfahren und sich bewusst zu entwickeln. Dein Leben kann seinen Sinn nicht entfalten, wenn du es getrennt und voller Schuld betrachtest. Es hat nur Bedeutung, wenn es ganz wird, wenn deine Menschlichkeit mit deiner Göttlichkeit eins wird und du auferstehst in die Unsterblichkeit deiner Seele.

Deinen Weg der Seele zu gehen bedeutet, auf Erden persönliche, individuelle Erfahrungen zu machen. Das Leben in allen Schattierungen zu erfahren. Dein Weg ist auch eine Aufforderung für dich, über deine Grenzen zu gehen und so zu wachsen. Dein Leben erfordert Mut, Vertrauen, Loslassen, und immer wieder »Ja« zum Leben zu sagen, und es ist letztendlich der Weg hinaus aus der Angst hin zur Liebe.

Du hast die Wahl: Wann immer dir in der äußeren Welt Leid, Gewalt oder Krankheit begegnet, und das Angst in dir erzeugt, entscheide dich: Entweder lässt du die Angst in dein Bewusstsein ein oder du bringst Liebe in den Raum der Angst.

Im Urvertrauen der göttlichen Liebe zu leben bedeutet, dass keine Dunkelheit, Unwahrheit oder Angst bestehen kann. Es ist ein Weg, den du selbst gehen darfst, bei dem du aber immer himmlischen Beistand an deiner Seite hast.

Wenn du innerlich bewusst bleibst und zugleich der Welt liebevoll dienst, wirst du immer mehr zu Licht, das die Dunkelheit erhellt. Das ist das Geheimnis der Transformation von der Dunkelheit der Materie in das goldene Licht deiner Göttlichkeit. Licht ist sanft und fließend. Es kann tiefsten Schmerz und Leid und die verhärtetste menschliche Seele durchdringen.

Dann wird aus dem Schatten das göttliche Licht. Alles kehrt von selbst wieder zur Liebe zurück. Habe keine Angst und sei dir gewiss: Der göttliche Plan ist vollkommen. Deshalb lasse keine Angst oder Unsicherheit in deinem Herzen zu.

Nichts geschieht zufällig, sondern alles passiert aufgrund einer göttlichen Ordnung. Selbst wenn die Menschen das göttliche Gesetz überschreiten, wird das Ergebnis eines solchen negativen Verhaltens durch das göttliche Gesetz letztlich selbst zum Guten gewendet im Zeitraum der Ewigkeit. Und auch wenn dir vieles als Zufall erscheinen mag, arbeitet in Wahrheit alles zusammen im Sinne der göttlichen Ordnung und des göttlichen Willens.

Deshalb erlöse die Angst und übergebe dein Leben in die Hand der bedingungslosen göttlichen Liebe.

Das Göttliche ist All-Liebe und All-Weisheit, und alles, was sich das Göttliche von dir wünscht, ist Liebe. Liebe zu schenken und Liebe in allen deinen Gedanken und Handlungen zu üben. Vertraue und werde ruhig und gelassen mit dem Wissen:

Es gibt nichts außer Liebe.

Wahre Liebe irrt nicht.

Liebe kennt weder Unrecht noch Böses.

Liebe ist weder schwach noch zweifelnd noch hochmütig.

Liebe gibt und Liebe ist voller Bescheidenheit, denn Liebe ist selbstlos.

In dir und in jedem Menschen ist eine Flamme des Bewusstseins, eine helle Flamme von reiner Liebe und göttlichem Licht. Du trägst ein sehr kostbares Licht in deiner Seele. Wenn du mit diesem Licht verbunden bist, dann fühlst du dich eins mit dem Universum.

Das ist die göttliche Erfahrung, nach der du immer gesucht hast. Sei geduldig, und du wirst ein tiefes Glück erlangen, das dir die äußere Welt in der Dualität nicht geben kann, und du wirst einen Frieden finden, den dir niemand im Außen mehr nehmen kann.

Wir Engel möchten dich mit der Schwingung der Liebe erfüllen und dich bitten, in dieser Schwingung zu leben. Dann umgibt dich ein Ozean des göttlichen Friedens, der Liebe und der Glückseligkeit. Du wirst alle Wesen in Liebe segnen können und ihre Göttlichkeit erkennen, mag sie auch noch so verborgen scheinen. Alle irdische Dunkelheit und die kollektive Angst werden dann keine Macht mehr über dich haben. Du kannst den Menschen nicht besser dienen als durch die gelebte Liebe und das Hinaustragen des Lichts in die Welt.

In dir lebt eine göttliche Kraft, die deine irdische Vorstellung übersteigt. Dieses kraftvolle Licht wird von Liebe erzeugt. Sei bereit, dieses Licht, diese heilige Energie spendende Kraft durch dich wirken zu lassen und sie auszustrahlen. Wie eine Kerze kann dein Licht der Liebe die verdüsterten Wege des Lebens erleuchten und erhellen.

Als Mensch magst du begrenzt sein, aber tief in dir wirkt die göttliche Kraft, die sich entfalten kann, sobald du deinem tief verwurzelten Sehnen entsprichst, zu lieben und zu geben. Es gibt nichts – kein Problem oder keine Begrenzung –, das nicht durch die Liebe überwunden werden kann.

Wir von der anderen Seite sind immer bei dir. Nimm unsere Liebe an und öffne weit dein Herz. Vertrau auf deine Göttlichkeit und das Göttliche in dir. Dann spürst du Gottes aufrichtende Kraft in deinem Leben.

Wenn du im Bewusstsein deines Ursprungs schöpferisch lebst, wirkst du mit der reinen Liebe, und daher wird alles, was du vollbringst, gesegnet sein und wachsen. Es gibt niemals eine Beschränkung für die Größe der Liebe, und auch nicht für das, was sie zu erreichen vermag.

Erkenne das Licht, dass dich umgibt. Sehe die strahlenden Engel, die dich umgeben. Wir sind dir so nahe, dass wir eins mit dir werden. Im göttlichen Raum gibt es keine Trennung. Du bist in Gott und Gott ist in dir. Im Göttlichen bis du All-Eins und du bist vollkommen.

Möge das Licht durch dich fließen, um dich und die Welt zu heilen.

Sei gesegnet!

Der innere Christus

Der Weg der Heilung ist ein Weg der Liebe, und so war mit den Engeln auch der Meister der Liebe, Jesus Christus, auf meinem Lebensweg und gerade in der Zeit der Heilung immer an meiner Seite.

Ich fühlte schon seit meiner frühen Kindheit eine tiefe Verbindung zu Jesus, er begleitete mich wie ein großer Bruder, ein himmlischer Freund. Nie wollte er, dass ich ihn anbete, aber er reichte mir immer seine Hand voll bedingungsloser Liebe, um mich zu führen und zu begleiten. Daher verband ich mich in der Zeit meiner Krankheit und damit auch der Heilung immer wieder mit der Christuskraft in meinem Herzen.

Ich fühlte sofort die Anwesenheit von Jesus Christus ganz nah bei mir. Ich sah in sein wunderbar sanftes, verstehendes, liebendes und freundliches Gesicht und seine Aura hüllte mich vollkommen ein. Ich wusste, er ist bei mir, um mir beizustehen, um meine Krankheit zu heilen und die Traurigkeit und Angst in meinem Herzen zu erlösen. Ich spürte, dass die Gegenwart dieses alles durchdringenden Geistes der Liebe mich beschützt und mich nichts verletzen kann.

Immer wieder sah ich im Licht Jesus, diese wundervolle Manifestation der reinen göttlichen Liebe, durchdrungen von unendlicher Klarheit und Bewusstheit – ganz besonders intensiv in der Zeit meines Komas. In der Zeit fühlte ich seine Worte und seine reine Liebe durch mich hindurchströmen wie ein heilender Wasserfall aus Licht, und ich durfte erkennen, dass ich eins bin mit diesem Licht. Ich verstand seine Botschaft: »Das, was ich kann, kannst du auch. Und sogar noch viel mehr.«

Es erfüllten mich belebende, schöpferische Energien, und ich befand mich in einem Zustand des Eins-Seins und der Vollkommenheit. Ich spürte eine tiefe Dankbarkeit für das gesamte Leben und in diesem Augenblick segnete und liebte ich jeden Aspekt meines Daseins.

Mir war bewusst, dass sich nach meiner Rückkehr in meinen Körper die Krankheit wieder zeigen würde, aber das entmutigte mich nicht. Ich vernahm die Schwingung seiner Worte: »Ich bin die Auferstehung und das Leben«, und erkannte, dass Jesus nicht nur seine Auferstehung meinte, sondern die in jedem Menschen. Denn die Vollkommenheit ist in jedem Menschen vorhanden. Wenn das geschieht, dann beginnt Christus in UNS aufzuerstehen, und Heilung kann geschehen. Da regte sich in mir eine neue Lebenskraft und ich kehrte zurück in meinen Körper.

Am darauffolgenden Abend fühlte ich, dass die Engel mich wieder emporhoben in ihre Heimat des Lichts und mir eine wunderschöne Wahrheit über Christus schenkten: »Die Gegenwart Jesus Christus ist in dieser neuen Zeit so nahe bei dir und du brauchst sie nur einlassen über die Tore der Liebe.«

Die Botschaft der Engel

Geliebte Seele, du hast erfahren dürfen, dass keine Kraft größer ist als das Christuslicht. Du hast die göttliche Gegenwart in deinem Geist und in deinem Herzen als Einheitsbewusstsein erfahren. Sei bereit, auch in deinem irdischen Leben immer wieder deine ganze Liebe auf Christus auszurichten, und du wirst dir deiner Schöpferkraft, deines Lichts und deines Friedens immer mehr bewusst werden. In diesem Bewusstseinszustand lebt Gott in dir, lebt Christus in dir.

Die Erfahrungen deines Lebens dienen dazu, dir deine Göttlichkeit immer mehr bewusst zu machen. Du magst ja in der von dir gewählten Inkarnation ein Mensch sein, aber du bist ebenso göttlich wie Jesus Christus es war.

Es liegt an dir, es dem Christuslicht in dir zu ermöglichen, durch dich sichtbar zu werden. Lebe in der vollständigen Tiefe des heiligen gegenwärtigen Augenblicks. In diesem Moment wird dein Leben geheiligt – alles wird gesegnet. Es ist einfach alles vollkommen, es gibt nichts zu verändern und aller Mangel löst sich auf.

Dann leuchtet in dir das Licht, das der Ursprung der Schöpfung ist und sich als Liebe offenbart. In einem solchen Bewusstsein gibt es keine Trennung. Dann bist du im Kontakt mit dem Unendlichen. Und weil du in Verbindung mit der Ewigkeit bist, bist du dir der allumfassenden Liebe bewusst und sie wird dich heilen. Dann erfüllt dich jeder Atemzug mit dem göttlichen Odem, mit dem Segen der Liebe.

Übe diesen Rhythmus des heiligen Atmens, dieses Ein- und Ausatmen der Christusenergie. Lass das Christuslicht der Liebe durch dein ganzes Wesen fließen, es wird dich heilen, harmonisieren und reinigen.

In dieser neuen Zeit ist es die große Aufgabe von dir und der Menschheit auf Erden, dieses Christusbewusstsein als deine Wahrheit wiederzuerkennen und zu entfalten. Denn was vor 2000 Jahren begann, kann jetzt vollendet werden.

Es hat sehr lange Zeit gedauert, bevor die Christusenergie auf der Erde Fuß fassen konnte. Aber jetzt ist die Zeit reif, Christus kehrt zurück und spricht durch viele, durch alle und zu jedem, der erwachen möchte und bereit ist, Christus aus der Liebe seines Herzen heraus in sich zu begegnen.

Bedenke: Für uns Engel bezieht sich Christus nicht auf eine bestimmte Person, sondern auf den Bewusstseinszustand, den zu erreichen für jeden von euch Menschen möglich ist.

Viele Meisterseelen des Lichts kamen an verschiedenen Orten und mit unterschiedlichen Namen als Botschafter des Christusbewusstseins auf Mutter Erde und alle trugen das gleiche Ziel in ihrem Herzen. Denn Christus ist keine einzelne Person, sondern ein Botschafter des Lichts und der Liebe.

Von Christus beseelte Herzen haben schon immer ein Licht ausgestrahlt, weil sie sich in der Dunkelheit der Erde an ihren lichten, göttlichen Ursprung erinnert haben. Jesus lebte zeit seines Erdendaseins in diesem lichtvollen Zustand der Einheit. Und jeder Mensch, der diese Einheit mit dem Göttlichen erfährt und sie auch lebt, erlangt das gleiche Christusbewusstsein wie Jesus.

Denn Christus zu sein bedeutet in Schlichtheit: Vereint zu sein mit Gott. Das göttliche Licht wird dann aus deinen Augen strahlen und die Liebe aus deinem Herzen strömen.

Deshalb kannst auch du, wie Jesus, als Erdenmensch gleichzeitig ein Lichtmensch sein. Du kannst wie Jesus leben, um zu heilen, zu trösten und zu erleuchten.

Jesus Christus brachte die Botschaft der Notwendigkeit der Liebe in eine sehr dunkle Zeit, um das Einheitsbewusstsein zu leben und der Menschheit zu zeigen, dass sie das Göttliche unmittelbar erfahren kann.

Auch heute ist Jesus Christus in seiner allgegenwärtigen Liebe den Menschen sehr nahe, denn ohne Liebe vermögen die Menschen nicht heimzukehren und wieder göttliche Einheit zu erlangen.

Jesus war ein Botschafter des Göttlichen, der zur Erde kam, um der Menschheit Erleuchtung, Wissen und die reine Liebe zu bringen. Er kam von einer anderen Wirklichkeit und Ebene und er brachte die höhere Energie dieser Wirklichkeit mit sich.

Der Grund dafür, dass Jesus auf die Erde kam, war der Wunsch, den Weg für eine neue Ebene des Bewusstseins zu ebnen. Er wollte ein Beispiel dafür geben, welche Möglichkeiten jedem Menschen offenstehen.

In den Sphären des Lichts, von denen Jesus kam, hat man gefühlt, dass die Erde in eine Richtung geht, die in großer Dunkelheit und Selbst-Entfremdung für die Seelen, die die Erfahrung des Menschseins gewählt hatten, enden würde. Das Göttliche entschied, dass ein kraftvoller Ansporn für Veränderungen gegeben werden sollte, der den Menschen klar aufzeigen würde, welche lichtvolle Vollkommenheit in ihnen wohnt.

Indem das Göttliche der Menschheit die Christusmanifestation von Jesus sendete, wollte es den menschlichen Wesen einen Spiegel vorhalten und sie an ihre eigene göttliche Herkunft und das schlafende Potenzial, das sie in sich tragen, erinnern – das Potenzial für Frieden, Freiheit und Meisterschaft über ihr Leben.

Daher hatte Jesus eine besondere Mission auf der Erde zu erfüllen. Seine Geburt war eine große Christuseinweihung und die gesamte Erde wurde mit Licht erfüllt. Dieses Christuslicht, das jenseits allen Denkens liegt, ist nicht von deinem menschlichen Leben und deiner Liebe getrennt.

Christus möchte sich durch Jesus vor 2000 Jahren und heute durch dich offenbaren. Die liebevolle Verbindung zu Jesus, die viele Menschen heute wieder fühlen, kann dir helfen, dieses Christuslicht in dir wiederzufinden, das im Herzen jedes Menschen wohnt und dich zu erleuchten vermag.

Die Christusenergie ist ein Licht der Gnade. Und Gnade geschieht, wenn das niedere menschliche Selbst sich mit dem großen göttlichen Selbst im Einklang befindet.

Die Geburt Jesu auf Erden war ein göttlicher Akt der Gnade, eine Einstimmung auf die reine, bedingungslose Liebe, die zuerst in deinem Herzen beginnt und sich dann auf alle Wesen ausdehnt.

Durch das Erscheinen Jesu auf Erden wurde das Licht auf einer sehr hohen Schwingung geboren. Die Menschen wurden berührt durch das, was Jesus sagte und tat, und unbewusst, auf ihrer Seelenebene, erkannten sie die Christusenergie. Tief in ihren Seelen wurde eine Erinnerung wach und ging in Resonanz mit dem Licht der Liebe. An der Oberfläche, auf der Ebene, die in der materiellen Welt gesehen und gefühlt werden kann, hat die Geburt des Christuslichts eine große Welle ausgelöst.

Nach dem Gesetz der Dualität ruft eine machtvolle Berührung von Licht eine kraftvolle Reaktion des Dunkels hervor. Licht ist erhellend, und damit auch sehr transformierend.

Das Christuslicht kam mit dem Fokus, alte Machtstrukturen zu erlösen und zu helfen, unterdrückte Energien freizusetzen, denn das Licht ist die Energie der Freiheit. Dunkelheit ist das Gegenteil, es ist eine Energie, die begrenzen, unterdrücken und kontrollieren will.

So ist klar, dass diese beiden Energien unterschiedliche Ziele hatten. Und je mehr das Licht an Intensivität gewann, desto mehr begann die Dunkelheit zurückzuschlagen, um sich zu verteidigen, um die Balance wiederzuerlangen. Das geschieht auch in der heutigen Zeit, in der auch wieder eine Welle des Lichts über die Erde fließt.

Die Christusenergie, die euch Menschen von Jesus als eine Verkörperung des Christusgeistes angeboten wurde, stammt aus einer kollektiven Energie, die über die Welt der Dualität hinausgegangen ist.

Im Christusbewusstsein zu leben bedeutet, gegen nichts anzukämpfen und stattdessen einfach nur zu lieben. Und so war und ist die tiefste Hoffnung von Jesus, dir von der unendlichen und unerschütterlichen Gegenwart der Liebe, die dir immer zur Verfügung steht, erzählen zu dürfen und sie dich erfahren zu lassen.

Deine Seele hat nun die Möglichkeit, ihre Göttlichkeit mit ihrer Menschlichkeit zu vereinen und zu leben. Wir Engel danken euch Menschen so sehr dafür. Jeder von euch hat seinen eigenen Beitrag zu leisten. Ihr alle werdet gebraucht und so sehr wertgeschätzt.

So bitten wir Engel dich darum, Freude in deine Großartigkeit zu bringen. Du bist wahrlich ein wunderschönes Wesen aus Licht. Du weißt um die Dualität von Liebe und Angst, und du trägst trotzdem immer noch die Fackel aus Licht. Das ist, warum du hier bist, darum hast du dich ein weiteres Mal auf Mutter Erde inkarniert.

Du bist in einer Zeit auf die Erde gekommen, in der die Christussonne, der göttliche Geist der Liebe, die Seele des Menschen so stark im Innersten aufrüttelt, dass davon berührte Menschen, nach und nach ihre alte Lebensweise verlassend, sich auf die Suche nach jener Wahrheit machen, die sich hinter dem Begriff Gott versteckt.

Stell dir vor, dass viele Menschen sich wieder erinnern und zusammen mit uns Engeln und dem Meister der Liebe diese Fackel halten. Fühle, wie sie alle erleuchtet, auch jene, die noch in der Dunkelheit stehen.

Erinnere dich immer daran, dass die Dunkelheit sich nach Licht sehnt, denn Dunkelheit ist nur die Abwesenheit von Licht. Auch sie möchte Teil des Ganzen sein, sich mit der Einheit verbinden. Die Zeit der Trennung darf nun beendet werden, denn es ist die Zeit gekommen für die Verbindung und Vereinigung mit dem Göttlichen in dir.

Das Göttliche braucht dich und benötigt mehr denn je das Licht deines Herzens und deine Hingabe an die bedingungslose Liebe, um eine neue Welt zu erschaffen.

Du bist immer von der bedingungslosen göttlichen Liebe umgeben. Und wenn du dich ihr hingibst, bekommst du den Beistand, den du brauchst, um deinen Weg erleuchtet und voll neuem Bewusstsein zu gehen und durch das Licht der Liebe Tag für Tag Transformation, Heilung und Erneuerung zu erlangen.

Das Christuslicht ist das Bewusstsein, das dich in Kontakt bringt mit dem heiligen Segen der Einheit. Dieses Erwachen in die Einheit befreit und bringt dich in einen tiefen Kontakt mit dem heiligen Licht, der Liebe und dem allumfassenden Potenzial des Lebens.

Jesus Christus, viele andere Meister und Meisterinnen und wir Engel stehen an deiner Seite und helfen dir dabei, das Göttliche in deinem Inneren auferstehen zu lassen. Daher erlaube dir, in das erwachte Bewusstsein deines inneren Lichts zu kommen und erlebe die Entfaltung deines Potenzials in deinem Leben, im Hier und Jetzt.

Das Christuslicht ist wie eine heilige Transformation. Sie wird dich wieder in eine tiefe Harmonie mit der Ganzheit des Lebens bringen und alle Schatten wieder in Freude, Kraft und reine Liebe verwandeln. Genau das ist die Essenz des Christusbewusstseins: Dass du die Dunkelheit nicht zurückweist, sondern sie mit deinem Licht der Liebe umarmst.

Jesus Christus stieg herab, um den Weg für dich vorzubereiten. Sein Wesen ist so rein und voller Liebe: Eine Liebe, die stark und ewig ist, eine Liebe, die so weise ist, die gibt, ohne etwas dafür zu verlangen, und diese Eigenschaften der erleuchteten Seele Jesus Christus ist nicht von deiner getrennt.

Werde selbst zum Erlöser, für dich selbst wie auch für deine Nächsten und viele andere. Bitte um Gnade für all diejenigen auf Erden, die den Weg der Liebe verlassen haben. Auf dass sie in Liebe und Weisheit freiwillig den Weg der Liebe wiederfinden und gehen lernen mögen. Alle deine Geschwister tragen wie du das Licht der Liebe in ihren Herzen. Manchmal benötigen deine Mitmenschen nur ein wenig Hilfe, dies zu erkennen.

Erinnere dich, niemand kommt per Zufall in dein Leben. Erinnere dich, du bist hier, um zu helfen und um der Menschheit und der Welt zu dienen. Erinnere dich, es gibt keinen anderen spirituellen Weg, der höher ist als der Weg der Liebe, des Mitgefühls, der Demut und deiner gelebten wahren Menschlichkeit im täglichen Handeln, in deinem All-Tag. Erkenne das vollkommene Dasein, wie wir es in der geistigen Welt kennen: Ein Leben, in dem alle Wesen zum Wohle des Ganzen zusammenwirken und die Liebe leben.

Im Lauf der Zeit wird die ganze Menschheit diese Einheit wieder erlangen – und sie wird sich ihrer Göttlichkeit und ihrer Christusnatur voll bewusst werden. Eines Tages wird jeder Mensch die Gegenwart der Liebe in sich erkennen und sein Licht erstrahlen lassen.

Gemeinsam bereitest du mit deinen Schwestern und Brüdern den Boden der neuen Erde vor, auf dass neue Samen der Liebe und des Friedens wachsen können. Sodass die Erde zu einem göttlichen Garten voll Schönheit, Liebe und Einheit wird.

Indem du nun langsam damit beginnst, die Botschaft des Lichts, der inneren Meisterschaft, der Menschlichkeit, des Friedens und der bedingungslosen Liebe zu verbreiten, kann Tag für Tag ein größeres Verständnis für diese Botschaft geschaffen werden.

Blicke immer wieder hinauf zum Licht und sei voller Freude und Dankbarkeit. In dir leuchtet das goldene Christuslicht wie eine Sonne. Du kannst diese Strahlen aus deinem eigenen Zentrum senden. Nicht umsonst wird Jesus, der Christus, auch die Sonne des Lebens genannt. Verbinde dich mit Christus in dir und lass deinen inneren Christus Wirklichkeit werden. Erkenne dich als die, die du bist: Ein Kind des strahlenden goldenen Lichtes der Christussonne.

Folge diesem Licht und erhebe dich von der Erde, wende dein Wesen dem Licht der Liebe zu und halte dieses Licht in deinem Herzen beständig am Leuchten. Dann findest du Frieden in deinem Herzen. Du wirst still und erfährst die göttliche Heilkraft der Liebe. Alle deine Gedanken, deine Worte und Handlungen werden aus dem Herzen der göttlichen Christusliebe heraus geleitet. Das ist das Licht, das ist die Liebe, das ist Christus in dir.

Erlaube der Energie der Freiheit und der Liebe, deinen Körper zu betreten, und fühle ihre wahre Schönheit in deinem Herzen und deiner Seele. Jeder, der sich seinem inneren Funken, seinem göttlichen Licht widmet, ist wertvoll in dieser Zeit!

Sei voller Dankbarkeit für alle großen Seelen, die dir immer wieder das Licht weisen und die Dunkelheit durch ihre Liebe und ihren Mut erleuchten.

So kannst du dein göttliches Herz leben, das zuerst und vor allem Liebe ist. Die tiefe Sehnsucht deiner Seele erfüllt sich: gelebte Einheit und Liebe unter allen – den unterschiedlichsten – deiner Geschwister! Du brauchst nur dein Herz zu öffnen und Liebe, Glück und Freiheit wird in dein Herz, in dein Leben und deine Beziehungen strömen.

Werde durch deine dir innewohnende Liebe, Kraft und Schönheit zu einem göttlichen Menschen. Du bist göttlich, du bist das Licht, und du beginnst zu leuchten, wenn du dich gefunden hast.

Lebe den inneren Christus in dir, gebe deiner Göttlichkeit Raum und erwache in die Wahrheit, die schon längst in dir existiert.

Je mehr du Christus in dir, deiner Göttlichkeit vertraust und sie nährst, desto mehr wirst du strahlen und göttliche Weisheit und Liebe zu allen Wesen verströmen, denen du begegnest. So wirst du die Schwingungsfrequenz des kollektiven menschlichen Bewusstseins anheben. Denn je mehr Seelen in die Wahrheit ihres Ursprungs erwachen, desto mehr schwingt Mutter Erde in Resonanz mit der Göttlichkeit und wird zu einem Zuhause und Paradies für alle seine Bewohner.

Die Rückkehr von Christus ist daher eine große Feier der Vereinigung, die sich im kollektiven Bewusstsein der Menschheit vollziehen wird. Christus wird nicht in einem einzigen Menschen zur Erde zurückkehren, sondern er wird im Herzen aller Menschen erwachen.

Wir Engel wissen, dass dieser Moment kommen wird, und dass du ein Teil davon sein wirst. Wir Engel stehen dir und allen Menschen dabei helfend zur Seite.

Wir senden mit den Meistern des Lichts Energie der reinen Liebe und des hoch schwingenden göttlichen Lichts in die Herzen der Welt. Durch dich gelangt das göttliche Licht in diese Welt und du veränderst diese Welt.

Die Erde wird zum Himmel kommen und der Himmel zu Mutter Erde. Die Dualität wird nach Hause gehen in die Einheit des göttlichen Bewusstseins.

Du hast Jesus sagen hören: »Ich bin der Weg, die Wahrheit und das Leben.« Gleiches, geliebte Seele, gilt auch für dich. Es gibt keinen Weg, keine Wahrheit und kein Leben ohne dich!

In tiefer Liebe sind wir Engel bei dir!

Du bist ein Träger des Lichts

Ich möchte dieses Buch mit einer Botschaft abschließen, die ich von den Engeln erhalten habe, als ich eigentlich dachte, das Buch sei beendet. Aber im Verlauf des Entstehungsprozesses lernte ich, immer mehr auf meine Verbundenheit mit den Engeln zu vertrauen. Nicht nur in Bezug auf mein Buch, sondern auch und besonders in meinem Leben.

Ich empfinde eine tiefe Dankbarkeit für alle Lernprozesse in meinem Leben, für alle Lektionen und Erfahrungen, die mir halfen, einen großen Schritt auf meinem Weg der Liebe zu gehen.

Ich erschuf mir mit Hilfe der Engel eine Realität, in der Heilung mehr war als eine Möglichkeit. Heilung wurde zu meiner Wirklichkeit. Das geschah, indem ich aus der göttlichen Einheit dachte, fühlte und vertraute.

Daher lasst uns alle voller Vertrauen die göttliche Liebe leben und uns ein Leben in Freude und Glück erschaffen. Das wünsche ich mir so sehr für mich, für dich und für alle Wesen.

Nach den neun Monaten des Mutter-Werdens fühle ich mich selbst nun als ganz und geheiligt. Ich fühle das innere Strahlen, das innere Licht, das aus meinen Zellen und meinem Bäuchlein leuchtet. Und ich darf immer noch tagtäglich spüren, wie sich meine Aura verändert, um sich diesem inneren Licht anzupassen. So oft in dieser Zeit und in der vorangegangenen Zeit der Heilung flüsterten mir die Engel immer wieder in mein Herz:

»Du trägst ein unbegrenztes Potenzial für ein ganz wunderbares Leben in dir. Du wundervolle Seele, du bist Gott auf Erden, das Göttliche in der Form. Und Heilung ist dein heiliges Geburtsrecht, nimm es an in Liebe.«

Diese Liebe schenkt mir Tag für Tag unerschütterliches Vertrauen in meine Existenz. Und ich verstehe nun, dass alles, was geschieht, zu meinem Besten ist, auch wenn es mir zuerst unangenehm, schmerzvoll und schlecht erscheinen mag.

So wähle ich nun behutsam, was ich wirklich brauche. Ich nehme mir Zeit für mich selbst. Und meine Liebe verhilft mir zu der Erfahrung, die ich wähle. Tag für Tag immer wieder neu und wundervoll.

Die Energie des Lebens ist neutral und du lenkst und polst sie mit deinen Gedanken, wählst Auf- und Abbau. So betrachtet erlebst du nie Negatives, sondern nur Herausforderungen. Nimmst du sie an, wächst du. Verneinst du sie, werden weitere Lernmöglichkeiten folgen. Mach dir bewusst, dass du mit einem einzigen, kraftvollen Gedanken dich selbst und deine Umgebung verändern kannst.

In den letzten drei Jahren durfte ich auch sehr viel loslassen. Es war für mich nicht immer eine leichte Zeit und dennoch: Ich durfte neben dem menschlichen Schmerz einen tiefen Trost erfahren, der logisch nicht zu erklären ist. Aber es waren meine Engel, die mir diesen Trost durch ihre bedingungslose Liebe schenkten.

Wenn unser Herz und unsere Seele verbunden sind mit dem Göttlichen, dann fühlen wir: In jenen Tagen des Schmerzes und des Loslassens ist unser Innerstes von der Liebe unserer göttlichen Freude erfüllt. Umgeben und getragen von dieser himmlischen Energie darf man erkennen: Das Licht der Liebe ist stärker als jede Krankheit, ist selbst stärker als die Schatten des Todes.

Gerade als ich diese Zeilen schreibe, blicke ich zu unserem Kinderzimmer, in dem meine Schwester einen zarten Regenbogen an die Wand gemalt hat. Und ich erkenne: Ohne Tränen hätte die Seele keinen Regenbogen. Die Traurigkeit ist der Regen und das Glück die Sonne. Ich sehe hoch und verstehe: Nur wenn beide zusammenkommen, kann ein Regenbogen entstehen. Nach jeder Nacht folgt ein Tag. Nach jedem Winter ein Frühjahr. Und nach jeder inneren Krise ein inneres Wachstum, das zu einer tieferen Freude und einem tieferen Lebenssinn verhilft. Und nachdem ich beinahe gestorben wäre, darf ich der Welt neues Leben schenken.

Ich fühle eine ganz besondere Energie für diese neue Zeit und erkenne: Was zusammengehört wird zueinanderfinden. Meine göttliche Seele darf über die Brücke des Regenbogens auf Erden eins werden mit meinem menschlichen Ich.

Daher feiere ich die baldige Geburt meines Kindes auch in mir. Ich freue mich sehr auf diese Zeit und öffne mich den Wundern der Liebe, die uns geschenkt werden.

Liebe hat keinen Gegensatz. Sie ist allumfassend, und alles, was wir in die Umarmung der Liebe mit hineinnehmen, wird durch die Liebe verändert, erhellt und geheilt. Ich lerne täglich mehr und mehr, all meine Bewusstseinszustände durch die Liebe auszudrücken und zu leben. So darf ich segnen, vertrauen und vergeben.

Die Liebe führt mich weiter auf meinem Weg des Dienens, indem sie mir Menschen in mein Leben trägt, die meine Liebe benötigen und diese auch annehmen können.

Für mich ist das der (die) schönste Beruf(ung) der Welt, Menschen mit Liebe, Leichtigkeit und viel kindlicher Freude zu einem Leben mit einem offenen liebenden Herzen zu führen. Auch in dieser neuen besonderen Zeit wird wieder gelacht und geweint werden, weil es kaum etwas Schöneres gibt, als auf diese Weise in einer Herzens-Gemeinschaft loszulassen, was nicht mehr gebraucht wird, und das Leben in all seiner Schönheit und mit all seinen Wundern zu feiern ...

Darum erlaube den Engeln, wenn du dich deinen täglichen Aufgaben widmest, dich zu berühren und ihre Kraft in deinem innersten Heiligtum zu spüren.

Möge die Liebe der Engel dein Herz öffnen für die innewohnende Heilkraft göttlicher Liebe, die alle Menschen zu einer heiligen Gemeinschaft strahlender Seelen vereint.

Abschlussbotschaft der Engel

Geliebte Seele, wir Engel und Menschen sind hier zusammen an der Schwelle zu einer neuen Zeit und du bist mitten in diesem bedeutenden Übergang. Du, geliebte Seele, bist der Lichtträger dieses Neubeginns und trägst das Licht und die Liebe in die Welt, die du einst im Außen und bei anderen gesucht hast.

Sehr viele Träger der Lichts haben sich in dieser besonderen Zeit auf Erden inkarniert. Sie alle tragen die Fähigkeit in sich, schneller als andere Menschen in einen Zustand spirituellen Erwachens zu gelangen.

Bitte verstehe diese Worte nicht als Wertung, davon sind wir Engel frei. Es hat nichts damit zu tun, dass sie »bessere« oder »höhere« Seelen wären. Sie sind einfach nur älter und erfahrener als die meisten Seelen, die zurzeit auf der Erde leben.

Träger des Lichts haben ein bestimmtes Stadium der Erleuchtung erreicht, bevor sie auf der Erde wiedergeboren werden und ihre Mission fortsetzen. Sie haben sich bewusst dazu entschlossen, in das Leben einzutauchen und alle Formen der Verwirrung und Illusion zu durchleben, die damit verbunden sind.

Sie machen das, um die »Erd-Erfahrung« vollständig zu verstehen. Das wird sie in die Lage versetzen, ihre Botschaft des Lichts in die Herzen der Welt tragen zu können.

Nur indem sie selbst durch alle Stadien der Dualität und der Illusion gehen, werden sie am Ende die Weisheit und die bedingungslose Liebe zur Hand haben, um anderen zu helfen, einen Zustand wahren Glücks und der Erleuchtung zu finden und die Welt und alle Wesen bei dem Übergang zu unterstützen.

Die Energie der Erneuerung, die jetzt über die Erde fließt, ist wie eine große Woge, die durch das gesamte Gebiet des menschlichen Denkens, Handelns und Fühlens spült. Es ist in der Tat ein überwältigendes Licht, das deine Dimension durchdringt, das dich ruft und dich erweckt.

Es beginnt eine neue Welt. Eine Welt, in der es Freiheit und Liebe für alle gibt. Erlaube der Energie der Freiheit und der Liebe, deinen Körper zu betreten, und fühle ihre wahre Schönheit in deinem Herzen und deiner Seele. Jeder, der sich seinem inneren Funken, seinem göttlichen Licht widmet, ist wertvoll in dieser Zeit!

So wisse, dass auch du ein Lichtträger bist und durch dein Licht die Dunkelheit erlöst wird. Lichtträger haben ganz bestimmte Gemeinsamkeiten und du wirst dich in vielem davon wiedererkennen:

Schon ziemlich früh in ihrem Leben fühlen sich die Träger des Lichts »anders« und sind Individualisten, die ihren ganz eigenen Weg im Leben finden werden. Manchmal kann eine Strecke dieses Weges für sie auch sehr einsam sein.

Ihre Sicht auf das Leben ist durch eine innere Spiritualität geprägt. Sie tragen bewusst oder unbewusst die Erinnerung an ihre Heimat des Lichts in sich.

Sie fühlen oft ein inneres Sehnen wie Heimweh nach ihrer ursprünglichen Dimension der Harmonie, des Lichts und der bedingungslosen Liebe.

Lichtträger sind voller Liebe zu allen Wesen, sehr empfindsam und mitfühlend. Sie achten und respektieren das Leben sehr, was sich sehr oft als Liebe zu Tieren oder zu Mutter Erde ausdrückt. Hingegen bereitet es ihnen Schwierigkeiten, mit Zerstörung, aggressivem Verhalten und Ungerechtigkeit umzugehen.

Da sie durch ihre Offenheit sehr leicht Gefühle und Stimmungen der Menschen um sie herum aufschnappen, ist es für sie wichtig, sich immer wieder zurückzuziehen. Das ermöglicht es ihnen, zu sich selbst und zu Mutter Erde zu finden.

Sie haben viele Leben auf der Erde verbracht, in denen sie tief mit Spiritualität oder in den alten Religionen tätig waren. Sehr oft als Mönche, Nonnen, Heiler, Hexen, Schamanen, Priester, Priesterinnen und vieles mehr. Du kannst bei diesen Worten vielleicht fühlen, wie du dich erinnerst …

In den früheren Leben wurden die Botschafter des Lichts häufig verfolgt und erfuhren Schmerz, Leid und auch den Tod. Daher können noch tiefe Spuren dieser oft schmerzhaften Erfahrung im Gedächtnis ihrer Seelen sein. Das kann sich durch eine unbewusste Angst ausdrücken, das Licht in die Welt zu tragen und die Liebe zu leben und sich ihr hinzugeben. Doch auch diese Inkarnationen waren für dein Wachstum wichtig.

Damit du das Licht sein kannst, das diese neue Welt braucht, musstest du zuerst die Dunkelheit annehmen. Die Schatten in dir und eines jeden anderen Menschen. Dann bist du bereit, dein Herz zu öffnen und dein Licht erstrahlen zu lassen. Du bist bereit, die Liebe zu leben. Und die

Liebe bietet sich dir an, um empfangen und zurückgegeben zu werden.

Lass dich durchlichten und erhellen, durchstrahlen vom Licht und der Liebe, dessen Botschafter du bist!

Öffne dich! Lass geschehen ... und lebe Liebe. Liebe dich selbst! Liebe deine Geschwister. Liebe die Erde.

Gehe den Weg der Liebe. Jeder Tag sei ein weiterer Schritt hin zu dem Zusammenführen und dem Zusammenwachsen aller Wesen.

Es ist nun für jeden an der Zeit, aufzuwachen und die Dunkelheit zu erlösen. Es ist klar, dass die Menschheit an einem Scheideweg steht.

In dieser Zeit bitten wir dich, die Fackel der Liebe in deine Hand zu nehmen, vorzutreten und dir selbst darüber klar zu werden, wer du wahrhaftig bist.

Wir Engel sprechen nicht nur von deiner irdischen Persönlichkeit, wie sie von äußerlichen Einflüssen geformt ist: von deiner Familie, deiner Erziehung und der Gesellschaft. Es ist nicht diese Persönlichkeit, die wir Engel immer wieder ansprechen, sondern die tiefere Essenz, die du bist. Dieses ICH BIN, das unabhängig von dieser Welt ist. Tauche noch einmal tief in deinen inneren Kern hinab und erinnere dich daran, wer du bist!

Du bist das ewige Bewusstsein, das deinem einzigartigen Körper das Leben gibt, ihn erhält und das auf Erden eine irdische Erfahrung erleben darf. Und als Träger des Lichts erfüllt dich schon seit Anbeginn das starke Bedürfnis, Licht, Wahrheit, Freiheit und Selbstliebe auf der Erde zu verbreiten.

Wir laden dich ein, den Weg der Liebe zu beschreiten, dich von der Welle der neuen Energie, die in diesem Moment die Atmosphäre der Erde durchdringt, erfüllen und mitnehmen zu lassen.

Dazu ist es wichtig, dass du die Verantwortung für dein Leben zurückholst und selbst übernimmst. Niemand kann deine Flügel öffnen, außer dir selbst. Sei mutig genug, um dich aus dem Alten herauszuschälen und neue Wege zu gehen, um zu lernen, den Traum deiner Seele auf die Erde zu bringen.

Das setzt jedoch voraus, dass du, wie schon gesagt, dein innerstes Wesen, dein Licht, deine Essenz, und dadurch auch alles um dich herum, verstehen und annehmen lernst. Erst dadurch entsteht die wahre bedingungslose Liebe. Diese Liebe bringt dir Harmonie, Wahrhaftigkeit, Glaube, Zuversicht, Frieden, Vertrauen, Gesundheit und Glückseligkeit.

Freu dich auf diese Veränderung, denn es ist das Wunderbarste, was ein göttlicher Mensch in dieser Zeit erleben kann. Das neue Zeitalter wird gekennzeichnet sein von einem Bewusstsein der Nächstenliebe, tiefer Freude, innerem Frieden und Verbundenheit mit allem, was ist.

Hör den Ruf deiner Seele und erkenne, dass du in deiner tiefsten Seele ein Kind der Liebe bist.

Freu dich tief in deinem Herzen über alle möglichen Geschenke, die auf dich in der Schatzkammer deines Herzens und deiner inneren Weisheit warten. Dort findest du alles, was du jemals gesucht hast, alles, was du brauchst, ist in dir.

Der Schlüssel für die neue Erde liegt in deinem Herzen. Und noch nie war es so leicht, diese Tür zu öffnen.

Daher lass die Liebe und das Licht durch dich hindurchfließen und sieh dich als Teil des Ganzen. So wirst du mithelfen, das Bedürfnis der Welt nach Liebe zu stillen.

Du bist wirklich der Meister und der Schöpfer deiner Welt. Du bist der göttliche Christus-Stern mit vielen Strahlen, ein Seelenbewusstsein mit vielen Facetten der Liebe und des Lichts. Und du bist frei, jede Wirklichkeit, die du willst, zu erschaffen.

Du bringst das göttliche Licht in diese Welt. Du veränderst diese Welt. Gemeinsam bereitest du mit deinen Schwestern und Brüdern den Boden, auf dem neue Samen der Liebe und des Friedens wachsen können. Sodass die Erde zu einem göttlichen Garten voll Schönheit und Einheit werden kann.

Indem du nun langsam damit beginnst, die Botschaft des Lichts, der inneren Meisterschaft, der Mitmenschlichkeit, des Friedens und der bedingungslosen Liebe zu verbreiten, kann Tag für Tag ein größeres Verständnis für diese Botschaft geschaffen werden.

Erkenne: *Das Göttliche in dir ist ein wahres Wunder und gleichzeitig höchste bedingungslose Liebe und Gnade.*

Wir bitten dich, öffne dich, um das Wunder deines Lebens um dich und in dir zu spüren, das sich durch dich in dieser Welt ausdrücken möchte.

Werde durch deine dir innewohnende Liebe, Kraft und Schönheit zu einem göttlichen Menschen, denn du bist göttlich, du bist das Licht, und du beginnst zu leuchten, wenn du dich gefunden hast.

Wir Engel sind voller Dankbarkeit darüber, dass du bist. Wir danken dir für dein Leben, für die Erfahrungen, die du in deinem Leben gemacht hast und weiter machen wirst. Denn an diesen Erfahrungen wächst die ganze Schöpfung. Danke für dein Sein.

In tiefer Liebe.

Danke

Ich bin unendlich dankbar für das *Wunder* der Liebe, das ich in meinem Leben und in meinem Wirken erfahren darf, und bete darum, dass alle Wesen sich diesem Geschenk – dem Wunder der Liebe – öffnen mögen.

Ich danke dem alten Pilgerhof, der seit Jahrhunderten mir und allen Menschen das Gefühl der Geborgenheit, des Schutzes und des Zu-Hause-Seins schenkt. Ich danke meiner geliebten Mutter: meiner Lehrerin, Freundin und Seelengefährtin, die mich in meiner schweren Zeit der Heilung so bedingungslos und gütig geliebt hat und immer für mich da war. Ich danke meiner Schwester, die mit ihrem großen Herzen mit mir geweint und gelacht hat, und sich jetzt mit mir freut, Tante zu sein. Ich danke meiner Lebensliebe Huey, die ich durch die Führung der Engel in diesem Leben wiederfinden durfte und wir nun das Wunder erleben dürfen, Eltern zu sein.

Ich danke all jenen, die dieses Buch möglich gemacht haben: Ich danke den Mitarbeitern des Giger Verlages und der wundervollen Sabine Giger. Ich danke ihr für ihr Vertrauen in mich und die wundervolle Möglichkeit, meine persönliche Geschichte und die Botschaften der Engel mit dir in diesem Buch teilen zu dürfen.

Ich danke allen meinen Lehrern aus dieser und der geistigen Welt aus vollstem Herzen, mich auf diese besondere

Reise geschickt zu haben – die Reise, die mich von der Dunkelheit ins Licht führte, von schwerer Krankheit in Heilung, vom Tod in das Leben – zurück in die allumfassende Liebe, zurück in mein Herz.

Danke für das Wunder des Lebens, das ich bin, und danke für das Wunder des Lebens, das ich in mir trage und bald als meine Tochter in den Armen halten darf.

Danke für diesen vollkommenen Körper, der mir diese Erdenreise ermöglicht und mir die Erfahrung tiefer Heilung durch Urvertrauen geschenkt hat.

Danke für alle menschlichen Engel in meinem Leben und die lichten Engelwesen, die immer an meiner Seite sind und mich allgegenwärtig umarmen.

Danke, ihr Engel, für eure Botschaften der Liebe und des Lichts. Danke für eure Präsenz in Momenten tiefen Schmerzes und Dunkelheit. Danke für euer tiefes Mitgefühl, für eure Geduld, für euer grenzenloses Vertrauen in mein Sein.

Danke für die vielen göttlichen Impulse, die mich immer wieder heim in die Liebe bringen. Danke für euer Licht, das mir den Weg zu meinem inneren göttlichen Ursprung zeigt. Danke für die Umhüllung meines Seins mit euren Schwingen der Leichtigkeit, der Freude, des Lichts, die mich beflügelt wachsen lassen. Danke für die Fülle, die ich durch euch überall um mich reflektiert sehe.

Danke für eure Grenzenlosigkeit und den Hauch der Ewigkeit, die mir den Raum geben loszulassen. Danke für eure bedingungslose Liebe, sie lässt mich den Tanz der freudvollen Freiheit tanzen, frei von Bewertung und Verurteilung.

Danke, dass ich durch eure Liebe immer wieder daran erinnert werde zu lachen, zu tanzen, zu strahlen und zu lieben.

Danke, ihr meine Freunde, Begleiter, Führer, Beschützer! In tiefer Dankbarkeit habe ich mein Herz für eure Botschaften geöffnet, um mich in tiefem Vertrauen eurer Führung hinzugeben.

So vergeht kein Tag, an dem ich nicht Danke sage für diese wahre, reine, heilende Liebe in meinem Leben. Jene Liebe, die man ohne Gedanken an sein Selbst gibt, die weder Grenzen noch Hemmungen hat, die bedingungslos ist, nichts verändern möchte und allumfassend ist. Diese wahre Liebe ist Friede, ist Harmonie, ist Stärke, Kraft, inneres Schauen und gemeinsame Entwicklung.

Solche Liebe ist reine Harmonie, da sie aus dem innersten Wesen, aus dem Herzen des Universums kommt.

Bleiben wir diesem inneren Licht des Herzens und der Freude unserer Seele treu und die Mysterien der unsichtbaren Welten werden uns in vielerlei Form offenbart werden. Sieh die Schönheit und die Wahrheit in allem, indem du die Welt durch dein Herz und das Wunder der Liebe betrachtest.

Ich umarme dich nun mit den Worten der Liebe: Möge die Kraft des Lichts und die Sanftheit der Liebe dich heute und jeden Moment deines Lebens berühren und segnen …

Dieser gemeinsame Weg der Liebe und Heilung mit dir und all den anderen Menschen ist für mich sehr wertvoll, er ist mein Leben.

Daher danke ich dir, dass du du bist und wir das Licht der Engel gemeinsam erfahren dürfen.

In tiefer Liebe

Deine Karina

Über die Autorin

Karina Wagner, geboren 1975, ehemals Fotomodell, begann sich durch eine eigene schwere Krankheit sehr früh mit der östlichen Philosophie, dem Schamanentum und dessen verschiedenen Wegen des Heilens zu beschäftigen. Nach ihrer eigenen »Gesundung« führte sie ihr Weg nach Indonesien, Indien, Tibet, Asien und Polynesien, um verschiedene Wege der Heil- und Lichtarbeit ursprünglich zu erlernen.

Geleitet von ihrer inneren Stimme und ihrem Herzen gibt sie seit über zwölf Jahren Ausbildungen und Retreats, bei denen deutlich wird, dass im Bemühen um Spiritualität stets das Herz und die Liebe im Mittelpunkt bleiben dürfen.

Karinas Wesen und ihre Arbeit sind von ihrer tiefen Liebe geprägt. Geleitet von ihrem Herzen gibt Karina seit über 12 Jahren Yoga-Retreats, Wochen des Herzens, Christuslichtseminare, Engelseminare, Yogalehrerausbildung und sie bildet in hawaiianischer Heilkunst und der Heilarbeit ANGEL-TOUCH aus.

In ihrem Seminarzentrum, dem 650 Jahre alten »Pilgerhof St. Wolfgang« finden jährlich in familiärem Rahmen an die 30 Seminare und Workshops statt. Weiter unterrichtet Karina weltweit.

Zu Karinas Kunden gehören private wie auch verschiedene bekannte Einzelpersonen aus der Film- und Musikbranche, ganzheitliche Zentren und Gemeinschaften sowie internationale Firmen, namhafte Hotels und Hotelketten. Sie hat bisher zwei Bücher, einige Meditations-CDs und eine DVD veröffentlicht.

Viele Yogalehrer und Meister der Liebe inspirierten sie, ihr Wissen und Können weiterzugeben. Gleichzeitig ist ihr wichtig und bewusst, stets auch Lernende zu bleiben. Karina geht den Weg der Liebe und diese Liebe, das Erahnen und Erspüren des großen Werks der Schöpfung und der feinstofflichen Welt, prägt ihr Wirken und Leben.

www.karinawagner.com

Yoga und Engel – Im Einklang mit himmlischer Achtsamkeit

Yoga hilft uns, in Einklang mit der inneren und äußeren Welt zu kommen und in die Tiefe unseres Herzens einzutauchen. Yoga schenkt Liebe, Achtsamkeit und Leichtigkeit.

Auch die Bedeutung von Engeln wird heute wieder stärker erkannt. Ihre Anwesenheit gibt uns Kraft und öffnet unser Herz. Angel-Yoga ist ein wundervoller Weg, um uns selbst weiter zu entwickeln und Körper, Geist und Seele in Einklang zu bringen. Angel-Yoga ist gelebtes Mitgefühl, Gnade und Liebe bei allem, was wir tun.

Die detaillierten Anleitungen des Buches und die vielen farbigen Bilder helfen uns, dies in der Praxis des Yoga für uns selbst zu üben. Dann gehen wir hinaus in unser Leben und verströmen dieses innere Licht in die Welt.

Karina Wagner
Angel Yoga. Entfalte die Flügel deines Herzens mit Yoga und der Liebe von Engeln
ISBN 978-3-905958-53-9

www.gigerverlag.ch

Der Ratgeber, der den Nerv unserer Zeit trifft! Die achtsamen Glücksmomente im Alleinsein

Hier schreibt Bestsellerautor Pirmin Loetscher über das derzeitige Luxusgut: Über das Alleinsein, das mit sich selbst sein! Das Schöne daran: Jeder kann es sich leisten und wird dabei viele achtsame Glücksmomente erleben.

Mit ständiger Erreichbarkeit durch Handys und in sozialen Netzen geht vielen Menschen die Achtsamkeit für das eigene Leben verloren. Erst wenn wir fähig sind, mit uns selbst allein zu sein, uns selbst auszuhalten, lernen wir in unserem Umfeld ein ausgeglichenes Leben zu führen.

Der Autor beschreibt – mit vielen Übungen –, wie wir lernen können, wieder zu uns selbst zu finden. Aber auch, wie wir im Alleinsein unseren eigenen Lebensweg wieder besser erkennen können. www.pirminloetscher.com

Pirmin Loetscher
Mit dir allein bist du nie allein
Warum du dich selbst am meisten brauchst
ISBN 978-3-906872-01-8

www.gigerverlag.ch